観察する指揮官

「辻流」選手との接し方

辻 発彦 著
Hatsuhiko Tsuji

はじめに

私はプロ野球の監督として、20〜30歳ほど年齢の離れた選手たちと毎日接しています。一つのチームには一軍だけでも29人が登録され、二軍も合わせれば約70人の選手が在籍しています。どのような言葉を使えば自分の気持ちがまっすぐ選手たちに届くのか、正直、悩む場面もたくさんあります。

若い選手と接しているせいか、近年、ニュースを見て胸を痛める機会が増えました。上司が会食に誘っても誰も来ない、若い人の考えがわからないなど、上司が部下とのコミュニケーションに悩んでいるというニュースに触れるたびに、何かもやもやしたものを感じ、寂しい気持ちになります。

私の現役時代は、広岡達朗監督から「こんな守備ではダメだな！」と厳しい口調で叱咤されながら、それでも監督がノックを打ってくれるのは「自分が期待されている証拠」だと思えました。そういった関係性が、現代の企業における上司と部下には通用しなくなってきているようです。はたして、上司は部下のことが憎くて厳しいことを言っているのでしょうか。考え方次第では、違った真実が見えてくるのではないでしょうか。

相手のことを思った問題提起であるなら、多少口調が強くなろうとも構わないと私は考えています。ただし、叱るほうも本気でなければなりません。ただ嫌いだから、仕事でミスをしたからと感情的に叱るのであれば、叱られたほうは何も感じないでしょう。そこには上司の「覚悟」も「情熱」も存在しないからです。指導する側、指導される側、お互いがあと一歩相手に近づき、相手の気持ちを思いやることが大事なのではないでしょうか。

もちろん、権力をふりかざして弱い者を追い詰めるハラスメントは絶対になくさなければなりません。しかし、パワハラを恐れて何も行動を起こさなければ、本来、人間関係を円滑に保つために使われていたコミュニケーションが、世の中からなくなってしまうのではないかという危機感を抱きます。

私の子供くらいの年齢の若い世代の人たちには、コミュニケーションを取ることの大切さ、素晴らしさを、もっと知ってほしいと思う気持ちもあります。

そういった昨今の世相に触れ、何か私が力になれることはないかと考えました。もしかしたら、私がこれまでの野球人生で得た教訓を文章として残すことで、コミュニケーションに悩む現代のビジネスマンの皆さんの力になれるのではないか。そんな気持ちで、今回筆を取りました。

そして、この本を書こうと決めてから、自分の現役時代、コーチ時代、二軍監督時代のことを、じっくりと思い返してみました。さまざまな名将、コーチ、チームメートとの出会いは、この人生における私への貴重なプレゼントだったのだと改めて感じました。その出会いや出来事、その時々の指揮官たちの言葉をふり返って綴ったこの本が、部下とのコミュニケーションに悩む上司、そして上司とのコミュニケーションに悩む若い世代のビジネスマン、社会で闘う皆さんにとって一助となることを願っております。

目次

第2章　競わせることで強くする
（1996〜2004／ヤクルトの選手・二軍コーチ、横浜の一軍・二軍コーチ時代）

第3章　相手の目線まで下がる

（2007～2011、2014～2016／中日の二軍監督・一軍コーチ時代）

第4章　環境を整える（2017〜2019／西武の監督、そして19年シーズンへ）

装丁・本文デザイン／1108GRAPHICS
写真／ベースボール・マガジン社
特別協力／埼玉西武ライオンズ
編集協力／市川忍

第1章

…

自主性をうながす

1984〜1995

<西武の選手時代>

18年最終戦セレモニーでの涙の理由

２０１８年10月21日、埼玉西武ライオンズの18年シーズンの戦いが終わりました。10年ぶりにリーグ優勝を果たし、クライマックスシリーズへ進みましたが、ファイナルステージで福岡ソフトバンクホークスに敗れ、日本シリーズ進出の夢は途絶えました。

最後の試合を終え、一年間応援してくださったファンの皆さんに感謝の言葉を伝えるために、私はマウンドに置かれたマイクの前に立ちました。

言葉が出てきませんでした。代わりに涙があふれてきました。

「悔しいです」

声をふり絞ってようやく出た言葉が、その一言でした。悔しいという一言は、私の率直な気持ちでした。

その直前、私は選手やコーチとベンチ裏のロッカールームで最後のミーティングを開いていました。

「敗れはしたけれど、よくやってくれた」

選手たちには確かそんな言葉をかけたと記憶しています。その後最終戦セレモニーを行うために、我々はベンチに移動しました。マウンドに整列する前、待機していたベンチから球場の大型ビジョンへ目をやると、そこには18年シーズンの戦いをふり返る映像が映し出されていました。

映像の中の選手のプレーや彼らの生き生きとした表情を見ているうちに、「苦しかったことがたくさんあったな」「でもいい試合もたくさんあった」「選手たちは本当にがんばった」という思いが、次から次へと胸にこみあげてきました。選手たちが頑張ってくれたおかげで、ここまで来ることができたのだと改めて思ったのです。

だからこそ、彼らを日本シリーズにつれていってあげたかった。

そう思うと、いざマイクの前に立ち、話を始めようとしても言葉が出なかったのです。選手たちの顔が頭の中をぐるぐると巡り、我慢しきれず涙を流してしまったのだと思います。

あれほど大勢の人の前で泣いたのは人生で初めてでした。私は普段からあまり涙は流しませんし、野球を始めてから人前で泣いたことは、今思い返してみても確か二度目です。

現役時代、何度も優勝を経験して、そのたびに喜びの涙を流す選手をたくさん見てきました。引退する時に涙を流す選手も大勢いました。でも私は、優勝した時も、引退した時も涙は一滴も流しませんでした。引退した時には「やりきった」という感覚があったからだと思います。これまで人前では泣いたことがなかったので、そんな私の性格を知る人は、さぞや驚いたのではないでしょうか。

ソフトバンクとの激戦を制してのリーグ優勝

18年シーズンは開幕から首位を走り、2位のチームにゲーム差なしで並ばれたことは何度もありましたが、そのたびに踏みとどまって、とうとう最後まで首位を明け渡すことなくリーグ制覇を成し遂げました。特に試合終盤での逆転劇が多く、さまざまな方から声をかけていただきました。

「楽しい試合ばかりだった」

「最後までお客さんが帰らない試合をしてくれた」

そんな言葉を聞き、ファンの皆さんが笑顔で帰途につく姿を何度も見ることができて、私も監督冥利に尽きるシーズンでした。

特にソフトバンクに追い上げられていた8月、9月の戦いは、一生忘れることができないでしょう。9月14日から始まる9連戦の初戦となった東北楽天ゴールデンイーグルス戦の試合前の緊張感はただならぬものでした。楽天はすでに先発ローテーションがしっかりと決まっていて、西武戦では実績のある投手が投げていました。しかし、うちは先発できる投手が手薄い状況でした。

楽天との一戦目にはエースの菊池雄星が投げて勝つことができましたが、その後が続きません。ローテーションを守っていたのは、その菊池、榎田大樹、多和田真三郎の三人だけで、後に続く予定だった郭俊麟と今井達也はともに、18年の実績がほぼないピッチャーでした。郭は18年に故障から復活しましたが、このような緊迫した試合で投げた経験はなく、今井に至っては高卒二年目の選手で弱冠20歳でした。ただ、郭には過去にソフトバンクを相手に好投したというデータがありましたので、相性がいいことから先発に起用しました。

「行けるところまで行ってくれ」

先発を告げた時、郭にはそう伝えました。

試合前、郭は強張った顔をしていました。普段は常に笑顔で練習しているのですが、さすがに緊張していたのでしょう。私はあえて笑顔で話しかけました。来日して5年の郭は、日本語のヒアリングはほぼ理解できます。

「おまえに、そんなに大きな期待はしていないからさ。気負わずに行けるところまで行ってみろよ」

「大丈夫、行けるところまで行けば、後はほかのピッチャーが抑えてくれるし、うちのバッターは必ず打ってくれるから」

そう伝えると、郭は普段の人懐っこい笑顔に戻りました。私が選手に言えることはそのくらいで、後は選手を信じて任せるだけです。

「ダメだと思ったらすぐに交代させる」「その決断の時だけは見誤らないようにしよう」と、私は覚悟を決めていました。郭は心の優しい子で、まだ精神的に不安定な時があります。その心の変化を見過ごさないように、交代時期だけはしっかりと見極めようと思いながらマウンドに送りました。

郭だけではありません。レギュラーのほとんどの選手が初めて経験する優勝争いです。2位のチームは徐々に差を詰めてきている。もし自分が選手だったら、そんなすさまじいプレッシャーの中で野球をするのは怖いと思います。私はそんな選手たちを信じて託すしかありませんでした。

一方、心のどこかで「最後はうちが勝てる」と確信していたような気もします。18年シーズンは、尋常ではない勝ち方をする試合が多かったからです。神がかっていました。もちろん、神様のおかげではなくて選手の力なのですが、「この劣勢でこの一打が出るか？」と、監督の私が驚くような試合が続きました。

9月後半の千葉ロッテマリーンズとの3連戦も同様でした。9回二死から四番の山川穂高が勝ち越しの3ランホームランを打って3連勝。前日には秋山翔吾もホームランを打ちました。エラーが出ても、その選手がミスを取り返そうと必死でホームランを打ち、追いすがりました。続く楽天戦も、延長で中村剛也が勝ち越しホームランを打って勝利しました。

「こんな勝ち方、普通じゃできない」

夢を見ているような展開、何か見えない力が働いているのではないかと目を疑うような試合の連続でした。

もちろん、油断することは一切ありませんでしたが、最後のソフトバンクとの直接対決では、「まずは一つ勝とう」と目の前の一戦に集中している間に、気づいたらマジック1までたどり着いていたという感じでした。

選手たちの心境も心配でしたが、試合が始まると普段通りにプレーしてくれました。

「本当にこいつらすごいな」

何度もそう思いました。特に中村と栗山巧、二人のベテランの力が大きかった。まったく普段と同じ状態で試合のための準備をし、ゲームに入っていました。

山川には、経験したことのないような緊迫した試合が続く中、四番という重圧のかかる打順をずっと任せました。おそらく震えあがるほど緊張していたことでしょう。でも、見ている限りでは浮き足立つ様子はなく、本当に頼もしく感じました。

それでも、シーズン終盤には、「これで負けたら優勝は厳しいな」という最悪の結果も当然頭をよぎりました。当時は毎晩寝つきが悪くて困りました。眠っても野球の夢ばかり見るのです。それも監督として指揮をとるのではなく、自分が選手として試合に出てプレーしている夢です。攻守交代の時に、「守りに行かなきゃ」「でももうオレ、体が動かないよ」と言いながら、ベンチで必死にスパイクの紐を結んでいるのです。

「待って、まだスパイクを履いてない」

審判から「早く」と急かされて、焦って、焦って、そこで目が覚めるのです。

私もそれほどプレッシャーを感じていたのかもしれません。

そして迎えた9月30日。敵地での北海道日本ハムファイターズとの試合には敗れましたが、マジック対象チームも敗れ、我々の10年ぶりのリーグ優勝が決まりました。本当に頼もしい選手たちに支えられて成し遂げたリーグ優勝でした。

失敗したら練習して次に成功すればいい

縁あって、17年に古巣である西武の監督に就任しました。初めてお引き受けした一軍監督という役割でした。就任から現在に至るまで監督として心がけてきたのは、選手の失敗は責めないということくらい。とにかく選手には思い切りプレーしてほしいと願いながら指揮をとってきました。

実は、私はスーパーネガティブな性格です。一見くよくよしない前向きな性格と誤解されがちなのですが、真逆です。失敗したら落ち込むし、そのうえ「落ち込んでいる」と人に思われたくなくて、それを隠すことに必死になるような性格です。

「そんなに悪いほうに考えるなよ」

周囲からはたしなめられます。とにかく悪いほうへ考え、いらぬ心配ばかりしてしまうのです。

もちろん、監督という立場になってからはなるべくその本性を出さないように気をつけてはいます。ところが、監督としてはこのネガティブな性格が幸いしてもいるようです。自分も同じようにミスを恐れ、いろいろと考え過ぎてしまう性格なので、ミスを恐れる選手の気持ち、ミスをしてしまった選手の気持ちが手に取るようにわかるのです。落ち込むことも予測できます。

選手時代の私はホームランバッターではなく、こつこつタイプの選手でした。フォアボールを選んだり、バントをしてランナーを進めるといった役割を求められていました。皆さんは、「バントなんて簡単だろう」「成功して当たり前でしょう」と思われるかもしれません。しかし、絶対に失敗してはいけないバントこそ、実は難しいものなのです。しかも、対戦相手もバントを警戒している中で確実に成功させなければなりません。そんな場面でバントのサインが出ると、「ミスしたらどうしよう」と私はプレッシャーで頭がいっぱいになっていました。だから、選手には同じ思いをさせたくないのです。

そもそもバッティングというのは、10回のうち3回ヒットを打てば、3割打者として高い評価を受けます。よく考えてみれば、10打席のうち7度の失敗までは許されるのがバッティングなのです。

失敗は野球につきものだと考えると、「もしかしたら起こるかもしれないミス」を恐れて、委縮してプレーするのはナンセンスです。それに失敗したら、練習して次に成功すればいいのです。そこに至るまでの過程が大事で、そもそも練習をしない選手はその時点でアウトなのです。

たとえば、長い間「バントが下手だ」といわれてきた選手が、自分でもそれをわかっていて、毎日練習して、それでも失敗してしまったとします。そうであれば首脳陣も、「あれだけ練習したのに、相手のほうが一枚上手だった」「次で成功してくれればいい」と思えます。しかし、練習をしない選手が試合で失敗したら、それはチームにとってもマイナスです。

ですから、私は選手のミスについては絶対に責めません。ミスするまでの過程、野球への取り組み方を観察しているのです。その姿勢は就任当初から変わりませんし、おそらく今後も変わらないと思います。

そうした監督としての信念が育まれたのは、これまでに素晴らしい指揮官たちと出会い、学ぶことができたからです。本書では、その名将と呼ばれた監督たちに、私がどのような影響を受けたかについても綴っていきたいと思います。

自身のプレーを見せながら指導する ——広岡監督の教え

1984年に、私はドラフト2位で西武に入団しました。入団当時、チームを率いていたのは広岡達朗さんでした。その後、86年からは森祇晶（当時は昌彦）さんが監督に就任しました。

80年代から90年代にかけて西武は「常勝軍団」と呼ばれ、森監督のもとでパ・リーグ初の5連覇を含むリーグ優勝8度。日本一には5度輝きました。

私は佐賀県の生まれで幼い頃から西鉄ライオンズファンでした。当時は、西鉄ライオンズの全盛時代だったため、九州にはファンが大勢いて、親父もその一人。その親父の影響で野球をするようになりました。

高校卒業後、社会人野球の日本通運へ進んだ後も西武のニュースはよく見ていましたので、もしプロへ行けるなら「広岡さんが監督をされている西武に行きたい」と思っていました。報道で知る限りでは、広岡さんは非常にきっちりとした「管理野球」を旨とされており、練習や指導も厳しいと聞いていました。当時、スーパールーキーの石毛宏典選手が、広岡さんからプレーを散々に批判されたというニュースも見ました。でも、私はそういう厳しい監督のもとでうまくなりたかった。何より負けず嫌いな性格だったので、厳しい環境に飛び込んでいったほうが自分自身も成長できると思ったからです。そして、現役時代に内野の名手といわれた広岡さんから直接、その技術について聞いてみたいとも思いました。

実際に西武に入団すると、厳しさは想像以上でした。ただ意外なことに、広岡さんの選手への接し方はそれほどきつくはないのです。ルーキーだったこともあり、私も面と向かって叱られた記憶はありません。ただ、広岡さんがいるだけで、その場の空気が変わりました。全員の背筋がピンと伸びて、張り詰めた空気が漂います。

幸い、私は一年目から一軍の海外キャンプに同行でき、広岡さんから直接、守備の指導を受けることができました。当時の私にとっては、広岡さんが直接教えてくださること自体が光栄なことでした。

キャンプ中は毎日、居残りでノックを受けました。一球受けるごとに「タイミングが早い！」と叱られて、ボールをポンと地面に置かれます。それを捕球して投げ終わると、今度はボールを手で転がされ、そのボールを捕ります。基本的な動作を繰り返し行うことで、捕球から送球までの動作を鍛えていただきました。「下手だな」と何度言われても、必死で食らいついていきました。

褒められた記憶はありません。しかし、今思えば、私がまったく見込みのない選手だったなら、広岡さんが自らグラブを持ってマンツーマンで教えてくれるようなことはなかったのではないでしょうか。少しは期待があったからこそ、目をかけてくださったのだと感じています。私だけでなく、ほかの選手も同じ思いだったのではないでしょうか。

広岡さんは時折、言葉にはせずとも納得したような表情を見せ、眼鏡の奥で瞳がキラリと光ることがありました。認めてくださっていると思いました。普段厳しいからこそ、ほんの時折、認めてくださった時には一層の喜びを感じました。

残念ながら、広岡さんの現役時代のプレーは、当時の私の記憶にはありませんでした。最近の選手であれば、インターネットの動画サイトで検索するとさまざまなプレーを見ることができますが、50年以上も前の話ですから、当然のことながらそのような動画は残っていません。それでも、その「名手」ぶりは伝説のように伝え聞いていました。

私が指導を受けた35年前、広岡さんはすでに50歳くらいだったと思うのですが、「こうやって捕って投げればええやないか」と、ご自身の動作で示してくださいました。その流れるようなプレーが本当に美しくて、「かっこいいなあ」と見惚れました。

「この人には何も逆らえないな」

「さすがやな」

そう思いました。当時、広岡さんのグラブさばきに驚かされたことは、今でもよく覚えています。

「自身のプレーを見せながら指導する」。それは選手からすれば最も説得力のある指導です。当時の広岡さんの姿に触発されて、今の私は太らないように気をつけ、ある程度の体型を保とうと決意しました。たとえ選手と一緒に走ることはできなくとも、ハンドリングなどの技術は実際にプレーして見せることができる、そういう指導者でいたいと思っています。

ところで、広岡さんは選手の食生活についても、とても厳しく管理されていました。選手は玄米を食べるように指導され、それは遠征先でも変わりません。ホテルの料理担当に伝えられ、玄米が用意されていました。

当時、私たち選手は試合の前には食事らしい食事はしませんでした。グレープフルーツなどの果物と野菜スティック、クラッカーを食べるくらいです。そして、バナナを

1本だけ持ってベンチに行きます。5回が終わったあたりでちょうどお腹が空くので、そのバナナを食べるのです。今のように、試合前に普通の食事が用意されていることはありませんでした。

「腹いっぱいでは、試合なんてできないだろう?」

それが広岡さんの方針でした。

近年では、栄養面はもちろん、より質のいい筋肉をつくるための食事メニューから、エネルギーを十分に発揮するためにはどのタイミングで食べればよいかまで、アスリートのための食事方法が研究され、浸透しています。しかし当時はまだ、好きなものを食べて好きなものを飲むという時代でした。そんな時代に栄養学に着目し、選手にそれを徹底した広岡さんには先見の明があったと思います。

私も徐々にその食習慣に慣れました。当時の名残りからか、いまだに私は試合前には食事を多く摂りません。

選手が自主的にプレーして犯したミスは咎《とが》めない

ある日のこと、広岡さんは、ダブルプレーを取る際の「バックトスをしてランナーをアウトにする」という練習を行いました。セカンドを守る選手三人くらいが順番にノックを受けるのですが、その中では、わたしが一番うまかったのではないでしょうか。

するると広岡さんが私に言うのです。

「誰にでも取柄はあるんだな」

そんな一言がとてもうれしかった記憶があります。

「褒められた！」

「あの広岡さんに褒められた！　すごい！」

小躍りしたいほどうれしかったです。

厳しい環境で、広岡さんのもとで野球をしたいと思ったことは間違いではなかったと、私は自信を持って言えます。広岡さんの指導がその後の私の人生に大きな影響を与えてくださったと、今なお感謝しています。なかでも、最も私が影響を受けたのはバッティングに関する考え方です。

よく言われたのは「バットを短く持て」ということでした。

「おまえはインコースに強いんだから、バットを短く持って全部引っ張れ」

その言葉にしたがって、打席ではいつもベースの近くに立ち、とにかく引っ張ることを意識しました。その打ち方を習得した結果、試合で起用される機会が増え、ある程度の成績が残せるようになりました。不思議なもので、逆にライト方向へ打球を打つことも得意になっていきました。インコースに甘いボールが来たら引っ張り、ランナーがいる時にはライト方向を意識して打つ、そんなプレーが苦もなくできるようになりました。それが自分の生きる道なのだという、自分のスタイルを確立するきっかけにもなりました。

もちろん、最大の目標はヒットを打つことなのですが、もし自分がアウトになってもランナーだけは進めたい、得点圏にランナーを送るのだという強い思いが生まれました。たとえ2アウトでもランナーを三塁に送っておけば、投手は暴投を恐れて落ちる変化球を投げにくくなるし、エラーやパスボールでも1点が入ります。そうやって相手にプレッシャーをかけることが、野球という競技においていかに大切かを知りました。

そしていつの間にか、その考え方が「辻発彦」という選手の代名詞となりました。

そのほか、広岡野球から学んだのは、選手の自主性を大切にするということです。当時、私には「グリーンライト」という〝自分の判断でいつ走ってもいい〟というサインが出されていました。私はわざと「走る」と見せかけてあえて走らない作戦で、相手バッテリーにプレッシャーをかけました。誰かに教わったわけではなく、周りの選手を見て、「こういう方法で相手にプレッシャーを与えることもできるのだな」と学びました。西武にはそういったプレーを常に心がけている選手が多かったのです。

監督となった今、相手にプレッシャーを与える戦い方については、「監督に言われたから」「コーチに言われたから」という理由ではなく、私が何も言わなくても、選手が自ら考え実行してくれたら、これほどうれしいことはないと思っています。

ですから監督の私は、「失敗してもいいからやってみなさい」という雰囲気をつくることを心がけています。

そして、選手が自主的にプレーして犯したミスについては、咎めません。

ところが、走塁についてだけは、私は積極的に次の塁を狙うように言ってきました。

それでも、「ここは次の塁を狙うべきじゃなかっただろう」と感じる場面はあります。

そんな時は選手に尋ねます。

「なぜ行ったんだ?」

「ここは変化球が来ると思っていました」

「本当にそうか? もう一度、よく考えてみなさい」

そううながすと、選手は何度も自分のプレーをふり返ります。よく考えると自分の過ちにも気づきますし、反省もします。私が選手に問いかけるのは、頭ごなしに叱るだけでは選手は考えることをやめてしまうと思うからです。選手の気持ちも感じ取ってあげなければならないのが監督です。

17年シーズンの終盤、ルーキーの源田壮亮は盗塁王を争っていました。そのせいか、「走りたい」という気持ちが先走ってしまったのでしょう。「この場面は待ってほしいな」と感じる戦況でも走ってしまうケースがありました。「タイトルがほしい」と思うのは当然ですから、人間がプレーしているのですから、そういった欲をすべて捨てるべきだとは思いません。ただ、源田とは「本当に走るケースだったか？」と頻繁に言葉を交わしました。このシーズンの源田の盗塁数は37個でリーグ2位に終わりました。

17年に失敗した経験が彼の今後に生かされるのであれば構わないと、当時の私は思いました。結果、18年シーズンの源田は、バッティングにも粘りが見られましたし、前年に経験したさまざまな成功や失敗から学び、大きく成長したと思います。

選手の声を聞いて伸び伸びとしたチームづくり——森監督の教え

86年に監督に就任した森祇晶さんは、広岡さん同様、西武の黄金時代を支えた方です。私の目から見たお二人はまったく違うタイプの指揮官でした。

森さんは、ヘッドコーチを務めていた広岡監督時代には、「広岡監督の方針通り、しっかりチームを引き締めなければいけない」という使命感があったのでしょう。私たち選手に対しても、あえて距離を置き、厳しく接していた印象です。

森さんが西武を引き継いだのは、広岡さんのもとで活躍したベテランが徐々に引退し、チームが若返りを図ろうという時期でした。森さんが監督に就任された年、私は入団三年目で、若手には秋山幸二と伊東勤が、私より上の世代には石毛さん、大田卓司さん、片平晋作さんがいました。当時の森さんには、まずは秋山を育てなければという思いと、就任した年に入団した清原和博というスター選手も育てなければという思いがあったのではないでしょうか。

チームは早急に世代交代を求められていましたし、成長期でもありました。森さんは、これまでのような厳しい指導は若い選手にマッチしないと考え、前監督の方針から何か変えなければいけないと思ったのでしょう。それまでの管理野球とは異なる、伸び伸びとしたチームづくりを意識されているのではないかと感じました。

同時に、広岡さんの管理野球を経験した選手がいまだチーム内にいたことも大きかったのです。石毛さん、秋山、伊東、彼らは厳しい方針を経験してきたので、森監督の時代になって少し緩和されたとはいえ、すべての手綱が緩むことはありませんでした。そもそも気が緩む選手がいたとしたら、それはそこまでの選手です。

数年後、私は選手会長を任命されるのですが、森さんは常に選手の声に耳を傾けようと努力されていました。

「遠征先のホテルの食事があまりおいしくなかった」

そんな意見が出ると、「それはいけない。やはり食事は充実していなければ」と、すぐにホテルに提案して改善していました。つくりおきではなく、その場で温かな料理が食べられる――こんな一例もありました。ホテルの食事がおいしければ、ナイター終了後に外出する選手が減ります。食事のために外出することがなくなれば、選手は治療の時間がしっかりと取れます。ホテルで一緒に食事をすれば、首脳陣と選手の会話も増え、結束力も高まります。そうやって森監督は環境から少しずつ変えていきました。

広岡監督時代にはあった門限も、森さんに代わってからは緩和されました。一応、時間は決まっていたものの大目に見てくれていた気がします。

「門限に間に合わないのに悠々と帰ってくる選手と、必死で走って帰ってくる選手、どちらがいいと思う？　時間を守る、守らないよりも当人の意識に目を向けたほうがいいと思わないか？」

私にはそう言っていました。そして「選手たちが不満を抱いていないか」「選手のほうから私に意見はないか」と、たびたび確認していました。

「何もないので心配しないでください」

そう伝えて、大事な試合の前には選手だけで自主的にミーティングを開いたこともありました。森監督がそこまで選手に気を配ってくれているのです。選手のほうも自然と「よし、がんばろうよ」という気持ちになりました。

そうして森監督時代、広岡さんの厳しさと森さんの〝選手を信じる心〟が相まって、新たな強みを持った西武に生まれ変わっていったのだと思います。

この時の経験は、今の私の考え方にも当然つながっています。私が最も気にかけるのは、戦っている選手の体調です。ですから、それについては私自身が選手に直接話しかけて確認するようにしています。

少し疲れが見える選手に対しては、試合日や練習日の出欠を本人の判断に委ねます。選手に「休むか？」と聞いた時に、うれしそうな様子が見られたら、迷わず「休めよ」と言います。本来であれば、試合に出場したいのが選手の本能です。簡単に「はい、休みたいです」とは言いません。なのに、「休むか」と聞かれた時に安堵の表情を見せたら、それは疲れている証拠です。

学んだ戦術を生かしきるのはまだこれから

広岡監督、森監督とともに戦い、近くで監督という生業の過酷さを見せていただきました。もちろん、お二人から学んだことは語りきれないくらいたくさんあります。

ただ、私が現役だった時の西武と、今の西武では、チームカラーが真逆だと言えます。現役時代に培った作戦を監督になってから生かしたかと聞かれると、まだ生かしきれていないと思います。

私の現役時代は先発投手陣が豊富にそろっていて、抑えのサンフレッチェ（※）が確立されていました。「この投手陣がいるのだから、1点取れば勝てる」と思っていました。こちらが1点を取ったら、当然ですが相手チームは2点以上取らなければ勝てません。ずらりと並ぶ好投手の顔ぶれを見たら、「あの投手陣から2点以上取らなければいけないのか」と、相手チームはさぞかしプレッシャーを感じたことでしょう。

こちらの戦略も決まっていました。当然、まずは1点を取りにいきます。ランナーが一塁に出たらバントし、得点圏にランナーを進めようと試みます。この作戦は、強い投手陣を有するチームに特徴的な戦い方です。18年シーズンにソフトバンクの工藤公康監督と戦っている時も、おそらくあの当時の広岡、森両監督と同じような思いを強く抱いて戦っているのだろうなと感じました。シーズン終盤では少なくなりましたが、ランナーが出れば手堅くバントで送ってくる場面が多かったからです。

しかし、18年シーズンを4点台という投手防御率で終えた現状の西武では、この戦い方はできません。投手力に課題があることは開幕前から予測できました。そこで監督が考えることは、「今ある戦力でどう戦えば勝利をつかむことができるのか」ということです。

チームの顔ぶれを思い出しながら、「どうしたら勝てるか」を計算すると、どうしても打ち勝つ野球にならざるを得ませんでした。今後、投手力がそろった時には手堅く1点を取りにいく野球に変わるかもしれません。監督には常に現時点の戦力でベストな戦い方を選んでいくことが求められます。

ただし、戦力や戦い方がまったく違うとはいえ、走力という点では、当時の西武の長所を受け継いでいこうと考えていました。走力といっても盗塁だけではなく、「走る力」すべてを意味します。

盗塁は相手もあることですし、選手の好不調もかかわってきます。「脚にスランプはない」とはよくいわれますが、盗塁を失敗すればスタートの思い切りが悪くなるなど心理面での不調期につながると私は思います。

（※）森監督が勝ちゲームを確実に手にするために、7回から1イニングずつストッパーとして起用した、潮崎哲也、杉山賢人、鹿取義隆の3投手を指す。

先の「選手が自主的にプレーして犯したミスは咎めない」というところでも触れたのですが、私は、走塁に関しては「いつも積極的であってほしい」と思っていますし、コーチ、選手にも口酸っぱく言ってきました。ジャックルなどの相手のミス、ボールが落ちた場所、相手の捕球の姿勢、相手の肩の強さなどを判断して、「行ける」と思ったら積極的に次の塁を狙うよう徹底してきました。

走塁には、失敗しなければわからないことがたくさんあります。「失敗したからダメ」で終わってはいけません。私はいつも選手に尋ねます。

「なんでこのカウントで走った?」

選手は走った理由を答えます。そこで、「でも、このカウントやシチュエーションで相手がこの球種を投げてくると思うか?」もしくは「この点差で盗塁は必要だったか?」と再び問いかけます。

反対に、「成功したからよかった」という結果オーライで済ませてもいけません。必ず時間をつくって選手と話をします。

ミスを責めるような言葉は使いません。積極性がなくなることが最も怖いからです。

選手の長所が消えてしまいますし、選手も成長しません。

近年特に感じるのですが、現代野球は初球から積極的にバットを振っていくスタイルが主流です。積極的に打ちにいく選手をトップバッターに据えるチームも増えました。私の現役時代には、トップバッターは早いカウントではバットを振らず、ボールを見て、粘って、一球でも多く相手の投手に投げさせる選手が多かった。しかし、近年は投手の技術が上がっていることもあり、追い込まれる前にバットを振っていこうという思いが強いのかもしれません。

時代の流れとはいえ、状況によっては相手投手に一球でも多く投げさせてほしいという思いは失っていません。打ちたくても我慢しなければいけない時もあるのです。源田などは徐々にそれがわかってきていて、「ここはちょっと待ってみよう」と考えて打席に立っていることがプレーを見ているとわかります。

そういう点も含めて、私は選手たちの意思で動いてほしいと常に思っています。打者によってはスリーボールから「待て」のサインを出すこともありますが、ホームランバッターにそのサインを出したことはありません。ホームランバッターは常にホームランを狙えばいい。ただし、明らかなボール球は見逃しなさいと話しています。幸い、今の西武には脚力を誇る選手が大勢います。そういう選手が、失敗を恐れずにチャレンジできる環境をつくることも監督の大切な仕事だと思います。

常に勝って当たり前と思われていた常勝時代の西武を率いた広岡、森両監督は、おそらくすさまじいプレッシャーと戦っていたことと思います。一方で、私たち選手はそれほど大きなプレッシャーは感じていませんでした。それは、「絶対に負けるわけがない」という自信を持って試合に臨めていたからだと思います。

森監督は試合前によくこうおっしゃっていました。

「相手のチームと比べて見てみろ。すべて俺たちが勝っているだろう?」

そう言うと、両チームの先発投手に始まって、捕手、内野手、外野手とすべてのポジションの選手名を挙げて成績や実績を比較しながら、「負けているか?」と私たちに聞きました。

「どうだ。一人ひとりがまず負けていないだろう? だから普通にやれば勝つんだよ」

そう選手に言い聞かせていました。

森さんのその言葉のおかげで、私たち選手はただ「勝ちたい」という前向きな思いで試合に臨めました。「負けられない」というプレッシャーを感じたことは一度もありません。

当時はクライマックスシリーズがなかったこともあり、レギュラーシーズンの間は、パ・リーグの5球団が束になって「西武を倒そう」とかかってきていました。どの球団も西武戦にエースをぶつけてくるのです。シーズンの間はそれが延々と続くのですが、そうやって各球団のエースと対戦して打ち勝てば、それが今度は西武打線の技術の向上、そして自信となります。そうやってどんどんと強くなっていったという印象です。

時代や選手に合わせて考え方をアップデートする

現役時代、後輩に対して怒ったことが何度かありました。選手会長を務めていたこともあり、手を抜く選手が許せなかったのです。

「なんで一生懸命やらないの？　やろうよ」

たとえば、私より年齢が若い選手が50メートルのダッシュで手を抜いて走ると、「ちゃんと走れよ」と率先して言いました。練習のペース配分をしているのでしょうが、そういう計算が大嫌いでした。

「お前に50メートルを6秒台で走れとは言ってない。そうじゃなくて、自分のできる限りの力で走っているかって聞いてるんだよ」

「7秒でも8秒でもいいよ。ペース配分しているだろ？　このダッシュに限らず、すべての練習に対して同じ姿勢だから嫌なんだ」

厳しい口調で言ってしまったこともありました。

投手に対して怒ったこともあります。先発ローテーションの一角を担う投手が自身の試合のない日の練習後に、試合前のロッカーで本を読んだり、ゲームをしたりしているのを目にした時などです。

「そんなことなら早く風呂に入れ」

「野手は毎日、試合をやっているんだよ」

そんな言葉が口をついて出ていました。しかし、後悔はしていません。

先発投手は、一度試合に登板した後は中6日、7日あけてもらっています。それだけの責任を自覚してもらわないと困るのです。

また、こんなこともありました。シーズンの終盤で西武にとって極めて重要な試合が藤井寺球場（大阪）で行われ、近鉄（現オリックス・）バファローズに敗れました。球場からホテルへ帰るバスの中、後方の座席で寝ている選手がいました。寝ているのは試合に出ていない選手です。試合に出た選手は、体は疲れ切っていても、悔しさから脳が冴えてしまって眠れないものなのです。それを見たチームリーダーの石毛さんが、「負けたのに、何寝てるんだ」と声を荒げたのです。

私は、チームの成績が低迷している時や落ち込んでいる時は、選手だけを集めてミーティングをしました。もう一度、結束を高めようと思ったからです。

自分でも「こんな先輩は嫌だろうな」と思ってはいたのですが、チームのためには誰かが言わなくてはいけないことです。当時の私は、ほかの選手からすれば煙たい存在だったと思います。

時代の変化とともに、そういった嫌われ役のような選手はめっきり減りました。今の選手に合わせて、監督の私もあまりうるさく言わなくなりました。今の時代は、私が選手時代に経験したような管理は必要ないのかもしれません。監督や首脳陣は、その時代や接する選手たちの性質に合わせて、考え方をアップデートしていく必要があると思います。

最近では、子供の育て方やアスリートの育成方法についての論文や書籍も多く、その中には定説とされていることもたくさんあります。私が最も共感したのは「〝〇〇しちゃダメ〟と否定する言い方はしないほうがよい」という提言でした。それは、コーチ時代から私がいちばん注意を払ってきたことだったからです。「〇〇してはダメ」

という表現方法が、選手を委縮させてしまうと常々思っていました。

たとえば、打者にアドバイスを送る時、「低めだけは絶対に打つなよ」と言ってしまいそうになる場面は多いでしょう。しかし、そう言ってしまうと高めのボールにも手が出なくなってしまうのです。「したらダメ」を強く意識してしまうからです。そこで私は、必ず肯定的な言葉で声掛けをするようにしています。同じアドバイスでも、積極性を引き出すような言葉を選びます。

「とにかくファーストストライクから、高めの球を打っていこう」

私は投手の経験はありませんが、投手についても同じです。

たとえば、先頭バッターにフォアボールを出してはいけないというのは、プロの投手であれば誰もがわかっていることです。

「フォアボールを出してはいけない」

しかし、過度にそう思うことがコントロールを狂わせます。「○○してはいけない」と考えている時点で、その「してはいけないこと」を強烈に意識してしまうのです。

コントロールが狂って「絶対に与えてはいけない」はずのフォアボールを与えてしまっ

たり、フォアボールを怖がるあまりストライクを取りにいって痛打を浴びてしまったりと、よい結果は生まれません。

この考え方は、プロ野球選手のみでなく一般の方やビジネスマンの方にも当てはまるものでしょう。上司の立場にある人が部下にアドバイスする際には、部下を否定的に導くのではなく、積極性を引き出すための言葉かけが有効といえるのではないでしょうか。

前述しましたが、そもそも私はとてもネガティブな性格です。何事も深刻に受け取り、悪いほうへ悪いほうへと考えてしまいます。ただ、そういう性格だったからこそ、自分が言われると嫌な言葉は選手やコーチにも言わないように気をつけました。そう考えると、私のネガティブな性格は、監督としての現在のコーチングに生かされているのかもしれません。

現役にこだわりたい一心で西武を後にした

西武で選手としてプレーをしていた間、年齢を重ねキャリアを積んでいく中で、チーム内での私の役割は徐々に変わっていきました。93年、35歳で首位打者を獲得した時には、まだ自分が〝ベテラン〟だという意識はありませんでした。ほかの選手以上に走れたし、守れたし、体力的な衰えは感じず、もっとやれるという自信も手応えもありました。

ただ、周囲の自分を見る目が徐々に変わってきていることは感じ始めていました。

私の打順で代打を送られた日のことは、今でも強烈に脳裏に焼きついています。突然の交代を告げられたのは、試合序盤の2打席目で、西武は1対0でリードしていました。相手は日本ハムの西崎幸広投手。1アウト満塁でした。私が打席に向かおうとネクストバッターズサークルから歩き出すと、急に球場がざわざわと騒がしくなりました。

「なんだろう?」

そう思ってスタンドを見ると、観客の視線は西武ベンチに向けられていました。ベンチから出た監督が、審判に代打を告げていたのです。

それまでの西崎投手との対戦成績は私に分がありました。もし私が相手チームの監督だったら、その相性も考えて「嫌だな」と思うようなシーンでした。それなのに代打を告げられたのです。

監督は、私が内野ゴロを打ってゲッツーになることを心配したのかもしれません。代打に指名されたのは一塁までの距離が近くなる左打者でした。しかし、その選手が打席に立つのと、たとえ調子が悪くても、相手投手と相性がよくフォアボールも選べる私が打席に立つのとでは、相手に与えるプレッシャーが違います。にもかかわらず、代打が送られたことはショックでしたし、納得できませんでした。

交代を告げられてベンチに戻った後、一人で裏のミラールームに向かい、あまりの悔しさから椅子を蹴飛ばしました。怒りのあまり人や物にあたったのはその時が最初で最後です。それほど屈辱的な出来事でした。そして、その後猛省しました。

リーダーとしてチームを率いなければならない人間が、監督の采配に対する不満を行動に出してしまいました。すでに30代後半という年齢で選手会長まで務めた私がそういう態度を見せてはいけなかったと思っています。自分を抑えることも大事だと学びました。

その時の経験もあり、監督になった今、代打を告げる時はもちろん、ベテラン選手への接し方については深く考えるようにしています。

18年シーズンの開幕前、「誰がキーマンか」と聞かれた際には、私はいつも「中村」と答えていました。長年チームの主砲として四番を務めてきた中村は、ここ二年あまり故障と不振に苦しみ、全盛期のような活躍ができていませんでした。開幕から調子は上がらず、故障もあって二軍も経験しました。それでも、彼がサードに入ってくれないと打線が組めないし、18年の戦いは彼の活躍如何にかかっていると思っていました。チャンスで打順が巡ってきた時には、気持ちとしては打席に立たせてあげたい。でも、チームが勝つためには勝負をかけなければならない場面もあるのでは……。監督としては、内なる葛藤が常にありました。でも、終盤の復活劇は見事でした。中村の活躍なくして優勝はなかったと思います。

栗山にしても同じです。チャンスに強く、素晴らしい働きをしてくれました。中村、栗山の力はチームに必要なものでした。二人の活躍には心から敬意を払いたいです。

さて、東尾修監督とは95年の1シーズンだけ一緒に戦わせていただきました。当時、私は腰を痛めていたこともあって出場機会も減り、納得のできる成績をあげて監督の期待に応えることができませんでした。

もともと西鉄ライオンズのファンだった私にとって、西鉄から太平洋クラブ、クラウンライター、西武と、ライオンズでエースを務めてきた東尾さんはまさに憧れの人でした。印象的な思い出は選手時代に、東尾さんの後ろで守れたことです。エースというのはこういう人のことを言うのだなと、その背中を見て学ぶことができました。

シーズンオフには自由契約となり、「コーチに」という話もいただきましたが、「どうしても現役でやりたい」という野球への思いが強く、私は西武を去りました。現役にこだわりたい一心からでした。当時37歳。今の選手でいえば、中村、栗山が35歳ですから、ちょうど同じくらいの年齢です。

第2章

・・・

競わせることで強くする

1996～2004

<ヤクルトの選手・二軍コーチ、横浜の一軍・二軍コーチ時代>

何かを決断する時には最初に声をかけてくれた人のもとへ

1995年のオフ、現役にこだわりたかった私は、12年間お世話になった西武（現埼玉西武）ライオンズを去ることになりました。「まだまだ（現役で）できるんだ」という思いだけでした。そして、これで二度と西武には戻れなくなったと腹をくくりました。ですから、今こうして監督として迎え入れてくれた球団には感謝しかありません。

西武を自由契約になった後、すぐに恩師である森祇晶さんに電話をしました。

「自由契約になりました」

「でも僕は現役にこだわりたいんです」

森さんはすぐに、ヤクルト（現東京ヤクルト）スワローズの監督をしていた野村克也さんに連絡をしたようで、「『辻が来てくれるんだったらぜひ』と野村監督は言っているよ」と連絡をくださったのです。うれしかったですし、ありがたかったです。

その直後、当時、千葉ロッテマリーンズの監督をされていた広岡達朗さんからも「お前の力が必要だ」と言っていただき、その言葉を聞いた時には胸がいっぱいになりました。

「あの広岡さんが、今も私を認めてくれている」

とてもありがたい言葉でした。しかし、私はそれまでの人生で常に心に決めていたことがあります。何かを決断する時には、「最初に声をかけてくれた人のもとへ行こう」ということです。

第一章で、私はとてもネガティブな性格だと書きましたが、不思議なもので、何かを決める時には一切迷いませんでした。それまでの人生でも、道が二つに分かれる節目では、必ず誰かが現れて手を差し伸べてくれました。

思えば社会人野球の日本通運に入社した時もそうでした。自分にはまったく向いていないと思ったプロ野球の世界へ入る時も、「行かなくて後悔しないの?」という妻の一言で決めました。

実は、プロ入りに乗り気ではなかった私は、「日通（日本通運）にいたらそのまま社員として安定した生活ができ、順調に階段を上って行ける人生だよ」と妻に言っていました。小心者で慎重な性格の私には、26歳という年齢でプロの世界に飛び込む勇気がなかったのです。しかし、妻の一言で再考できました。

日本通運の監督のところへ行って「プロに行きたい」と言うと、監督はとても驚いていました。前年、いくつかの球団からお誘いをいただいていたのですが、腰を悪くしていたため自信がなく、プロ入りを断ったという経緯がありました。それでも熱心に声をかけてくれた西武に入団しました。

そういう人生の節目に声をかけてくれるのは運命の人。いつの間にかそんなふうに考えるようになっていました。

恩師である森さんから話が伝わり、名監督の野村さんから声をかけていただいた。それも運命、縁だと思いました。ヤクルトに移籍した後は4年間も現役でプレーできましたから、あの時声をかけていただいて本当によかったと思っています。

その一言、一言が選手をやる気にさせる
――野村監督の教え

野球ファンの方なら皆さんご存知のように、野村監督といえば、データを分析して利用する「ＩＤ野球」で有名です。移籍一年目は、ミーティングの多さに驚きました。当時、私は38歳でしたが、私を含めたベテラン選手はもちろん、若い選手は目を輝かせて野村監督の言葉に耳を傾けていました。監督がご自身でホワイトボードにさまざまなことを書き連ねるのですが、私は、一言一句聞き逃さないようにミーティングに集中していました。

選手たちは、野村監督の言葉をすべてノートに取ってはそれを何度も読み返して頭に叩き込みます。もちろん時間はかかるし頭も使うし、大変でした。でも、この経験は私の野球人生の宝となっています。

野村監督は、ほかの選手が打席に立った時には、「このカウントならこの球種を狙って、本塁打を狙っていけ」とアドバイスをするのに、私には何も言ってくれませんで

した。なぜ言ってくれないのだろうと思っていたら、監督はこう言いました。

「おまえは来た球にタイミングがあったら打つタイプだろ」

そうやって選手の特徴をつかんで、選手に合ったアドバイスをしていました。

野村監督の選手操縦法はとても独特でした。実は、選手と直接話をする機会はあまりないのですが、報道陣を常に側に置き、選手についてさまざまな話をします。その話がマスコミの記事やニュースを通して選手に伝わるように仕向けるのです。選手は、監督から直接褒められるよりも、「野村監督がこう褒めていた」と間接的に記事で目にするほうがより真実味もあってうれしいでしょう。

野村監督のもとでプレーしていた時に、その野村流の選手操縦術にとても感激する事件がありました。移籍一年目は活躍でき、私は自己最高の3割3分3厘という成績を残すことができましたが、二年目から三年目にかけて故障し、思うような働きができなくなりました。三年目、40歳になろうという時です。調子の上がらない私を見た報道陣が野村監督に、「辻はもういいんじゃないですか」「引退ですか」と聞いたことがあったそうです。野村監督は報道陣に向かってこう言ったそうです。

「何を言ってるんだ。これだけプロ野球界に貢献してくれた辻に対して、なんでオレが『辞めろ』なんて言えるんだ？」

「辞める、辞めないは、辻本人が決めることだ」

私はそのコメントを記事で読みましたが、これほどうれしいことはありませんでした。

そしてチームの功労者に対しては、自分も野村さんのような姿勢で接したいと思うようになりました。

現在率いる西武の中村剛也や栗山巧が何歳まで現役でプレーできるかはわかりませんが、これだけチームのために働いてくれている選手を、私はもとより球団にも軽く扱ってほしくはありません。彼らの功績は十分に認めて、あの時の野村さんのように選手に接したいと思っています。

その野村監督の言葉があまりにもありがたかったので、その年の年賀状に、確か私はこう書きました。

「監督からいただいた一年、精いっぱい戦います」

すると、そのことをまた野村監督は記者の前で話すのです。

「辻の年賀状に、『監督からいただいた一年、精いっぱい戦います』って書いてあったぞ。これはうれしかったな」

私の言葉に野村監督が喜んでくれたことを、私はまた記事で知ります。直接、褒められるのもうれしいことですが、それ以上の喜びを感じました。

まだ私が西武でプレーしていた92年、西武とヤクルトは日本シリーズで戦いました。当時、もうヤクルトの監督をされていた野村さんは、「辻の活躍のせいで負けたよ」と言ってくださったそうです。

そういう一言を聞いても、選手として認めてくださっていたのだなと思いました。その一言、一言が選手をやる気にさせる監督でした。

監督の「ぼやき」を聞いた選手が自分で考えることも勉強の一つ

野村監督は、ベンチでの「ぼやき」でも有名です。それも選手たちにとっては大切な勉強の一つなのです。私も監督の側に座って一言も聞き漏らすまいと耳を澄ましていました。

監督となった今では、やはり選手が聞き耳を立てているのがわかりますから、ベンチで話す言葉にも気を配っています。内容は試合によってさまざまですが、特に、私が秋山翔吾や18年まで在籍していた浅村栄斗と話している時は、ほかの若い選手も聞いていたようです。試合中は当然、相手選手のプレーを見ることも大切ですが、味方のベンチ内で話されることも大切です。そうやってチーム内で共通認識を持つことも必要だと思っています。

時には選手個人に言葉をかけることもありました。

「（森）友哉、あそこはこうだろ？」

そんな言葉かけに、ほかの選手も聞き耳を立てています。

賢い選手はどんな言葉も聞き漏らしません。自分のためになる話はないか、何かヒントはないかといたるところでアンテナを張っています。生きた教材を探している選手たちに少しでもヒントになればと、私自身もさまざまにコミュニケーションを図ってきました。特に、控えの選手には、そういった部分でも貪欲になって、レギュラー選手から吸収してほしいと考えたからです。

そういう考えは、野村監督のもとで野球をして、ベンチで監督の「ぼやき」を聞いたからこそ生まれました。選手への伝え方、選手の育て方には監督の色が出ます。「ああしなさい」「こうしなさい」と言うのではなく、監督の「ぼやき」を聞いた選手が自分で考えることも勉強の一つになるのです。

そもそも私が西武に入団した84年に、評論家だった野村さんと出会っていたのですが、その出会いも衝撃的でした。

米国アリゾナ州のユマへ野村さんが視察にいらしていて、スタンドの客席に座ってフリーバッティングを見学していました。2カ所でバッティング練習をしていたのですが、私が順番を待ちながらゲージの側でスイングをしていたら、「おい、そこの5番、見えないよ」って手を払う仕草をされたのです。おそらく、ほかの選手のバッティングを見たかったのに僕が邪魔だったのでしょう。名前があるにもかかわらず「5番」と呼ばれて奮起しました。

「背番号ではなく名前で呼んでもらえる選手になろう」

その時の悔しさはずっと心に残っていました。

ですから92年に日本シリーズで野村監督率いるヤクルトと戦うことになった時には、「絶対に負けてたまるか」と思っていました。個人的な反骨精神で「負けたくない」「見返してやろう」と。しかしヤクルトに移籍した後、同じチームの監督と選手として一緒に戦ってみると、選手への愛にあふれた情の厚い監督だとわかりました。縁がつながったことで野村監督の真の姿を知ることができました。現役にこだわり、移籍してよかったと今でも思っています。

野村さんはまったくお酒を飲まない方なので、選手はもちろん、コーチ陣とも酒の席をともにすることはありませんでした。そもそも私は監督と選手は個人的なつきあいはしないほうがいいと考えています。グラウンドで顔を合わせるだけで十分です。ですから現在もコーチ陣には、「選手と一緒に食事に行くのは控えるように」と言っています。おそらくどこの球団も同じなのではないでしょうか。食事をするならチーム全員で、もしくは納会などの公式の場所だけです。個人的なつきあいをして「誰か一人をひいきしている」と思われるのは首脳陣にとっても、選手にとってもよいことではありません。

ただ、悩みを抱えた選手がいる場合、どうしても個人的に相談に乗りたい時もあるでしょう。もし、どうしても放っておけない状況であれば、「一言僕に言ってから出かけてくれ」とコーチ陣には話しています。「○○を連れて飯行っていいですか?」と事情を話してくれれば構いません。

野村監督のもとでプレーをしていた時は、そういった一対一での食事の機会はありませんでした。かつて森監督の時もオールスター戦の際に「西武の選手皆で食事に」という話になり、ご一緒させていただいたことがあるくらいです。選手との距離の置き方については、教えを受けた監督の姿を見て学んだような気がします。

監督、コーチの助言は選手が自ら考えるためのヒント

「監督にいただいた一年、精いっぱい戦います」と野村監督に年賀状を送ったことを前述しました。その時から「今年、ダメだったらやめよう」と腹をくっていました。あと一年、とにかくがむしゃらにがんばろう。そう決意して臨んだシーズンでしたが、途中から腰痛が悪化し、体が悲鳴をあげるのを無視できなくなっていきました。

そして、引退を決意しました。

当時は一軍監督が野村さんから若松勉さんに代わっていました。選手寮で、球団に「引退したい」と話をしたことを覚えています。そして、そのままヤクルトの二軍コーチとして契約していただきました。

現役引退を決意した時、まったく悔いはありませんでした。スパッと気持ちを切り替えることができました。お世話になったのはわずか4年だったのに引退試合も開催していただき、野村監督のもとで貴重な経験をさせてもらったと感謝しています。

もし、私が西武という球団しか知らなかったら、その後の人生はどうなっていたでしょう。野村監督のもとでID野球を学ぶ機会はなかったし、その後、コーチとして横浜(現横浜DeNA)ベイスターズに行くこともなかったと思います。そして06年には、王貞治監督のもとでWBCの日本代表コーチに就任。王さんから声をかけていただくだけでも光栄なことなのに、第一回大会で世界一に輝くという貴重な体験もできました。

ヤクルトで現役生活を終えて、00年に二軍コーチに就任すると、最初は苦労しました。当然のことながら、二軍には、私が当たり前のようにやってきたプレーができない選手が山ほどいました。

「なんでこんな簡単なことができないのか」

つい、そんなふうに思ってしまうのです。そうした心の声が態度に出てしまっていたかもしれません。コーチになったばかりの私には、できない選手の気持ちになって考えてみることが難しく、選手にとっては力足らずのコーチだったと思います。

しかし、選手を見放すわけにはいきません。問題に直面するたびに、「ではどうしたらできるようになるのか」「どういう説明の仕方をすれば選手に伝わるのか」と考えるようになり、「なぜできないんだ」から「できるようにするためにはどうすればいいか」と、徐々に意識が変わっていきました。すると、たとえばフィールディングが苦手な選手には共通点があるということが、だんだんと見えてきたのです。そしてそういう選手には、自分のやり方を当てはめて1から10まで「こうしなさい」と教えるのではなく、何か一つのポイントを意識させると、急激に上達することが多いとわかりました。

「いつもグラブをこの位置でこう構えているけど、まずは力を抜いて下にだらんと下ろしてごらん」

「あぶない刑事《でか》のポーズで構えてみたら？（笑）」

冗談も交えてアドバイスを送ると、選手はその一点に集中できて動きが自然になるのです。

一般の方やビジネスマンの方でも、「なかなかできるようにならない」「できないことを克服したい」という時には、この「一点に集中する」という方法を試してみてはいかがでしょうか。

ヤクルトで二軍コーチを務めていた時に、守備の指導で最も苦労したのは畠山和洋でした。当時を思い出すと、彼の顔が真っ先に浮かびます。最後には、「もう、おまえ、素手で捕れ」とグラブを外させました。軽く打ったゴロを素手で捕りにいく練習を重ねることで、基本的な姿勢や手の角度を学んでほしかったからです。畠山は泣きながらゴロを捕りにいってました。

その練習方法は、私がプロになったばかりの頃によく練習したメニューでした。二人一組になって互いにボールを転がし合い、素手で捕ることを繰り返しました。股割といって下半身に重心を置いて動くので体力的にもきつく、素手で捕るため、手の向きが正確でないとうまくボールが捕れません。広岡監督から受けた指導法が、私のコーチングの引き出しの一つになっていました。

「このプレーを上達させるにはこの方法」

「この選手にはこの方法」

ケースバイケースで指導しました。自分もそうしてうまくなったという経験があります。しかし、監督やコーチの助言がすべて正しいとは限りません。あくまでヒントでしかないのです。それを選手がどう受け止めるか、自分に合っているか、あるいはほかの方法がいいのかを自分で考え、判断する力を身につけてくれることが理想といえます。そうして一人ひとりが考え始めることで全員の力が結集され、チームや組織、会社は強くなっていくのだと思います。

チーム内で競争ができるチームでなければ勝てない

「プロ野球へ進もう」

そう決意した25歳の時には、このような野球人生を歩むことになるとは思ってもいませんでした。高校や大学を卒業してすぐにプロ入りした選手より、私は数年遅れてプロに入りました。年齢を考えると試合ですぐに結果を出さなければ、もし試合に出られなくても常時一軍にいなければならないと思っていました。でも、まったく自信はありませんでした。

「まずは三年間、真剣に野球だけに取り組もう」

「三年やっても結果が出なければ、プロを去ろう」

そう決心し、歯を食いしばって練習を続けました。

その時代から考えると、ヤクルトへの移籍の経緯や野村監督との出会い、その後のWBCのコーチ就任と歩んでこられたのは、私が運を持っていたからのように思えます。さらに、「二度と戻れない」と覚悟して去った西武から監督としてお誘いいただいたうえ、18年にはリーグ優勝もできました。

02年に就任した横浜でのコーチ経験も貴重な時間でした。正直に言えば当時の横浜は弱く、森監督はそのチームを再建しようと一生懸命でした。そんな森監督と一年間、コーチとして関わることもできたのですから。

強いチームには強い理由があります。そして逆に、勝てないチーム、選手が伸びないチームにも原因がありました。横浜はその後、Aクラス入りをするチームへと変貌しました。選手の意識が成熟した結果だと思います。

私が育った西武は、試合はもちろん練習の時から高い意識を持っていました。たとえば、今日試合に負けたとします。勝てないチームであれば、「明日、明日！」と言って気持ちを切り替えようとするかもしれません。負けが込んでくると精神的にも厳しいので、そうやって口に出してでも切り替えないと、翌日また戦うことができないでしょう。その気持ちはわかります。選手たちは自信を失っているのです。

しかし、常勝時代の西武では、「明日、明日」という言葉は聞かれませんでした。そういう気持ちでいる選手は少なく、ほとんどの選手はその日負けたことを重く受け止めていました。いったん負けを受け止めて反省し、その後ようやく「明日の試合をがんばろう」という気持ちに変わるのです。強いチームと勝てないチームでは、「明日」へと切り替えるまでの経緯が違うと思いました。

試合中もトントンと先制点を取られると、「ああ、今日もだめか」というムードが漂うのが勝てないチームの特徴です。監督としては、それがいちばん怖いのです。

常勝西武は、一試合ごとに必死でした。まず、チーム内での競争意識が高いからです。

もし自分がケガをしたら、ほかの選手が一軍に上がってきてしまいますし、自分が試合に出られなかったら、ほかの選手が出て活躍してしまうかもしれません。試合中にあきらめるどころか、自分が結果を残さなければすぐにほかの選手にチャンスが回ってしまうという危機感があったからです。そんな危機感から、体に痛い箇所があっても我慢するし、ケガも隠すのです。

私も一度、骨折をして試合を休んだことがありました。私の代わりに出場した笘篠誠治ががんばっているのを見て、心の中では「打つな」「活躍するな」と思っていました。チームが勝てばもちろんうれしいですが、それとこれとは話が別です。おそらく笘篠も同じ気持ちで、「辻、戻ってくるな」と思っていたはずです。仲が悪いとか、いがみ合っているとか、そういう次元の話ではありません。チームが勝つことを目標とするのは大前提ですが、自分が不在の時に「ポジションを取られた」と悔しがるような選手でなければ、厳しいプロの世界では活躍できません。

このように、さまざまなチームで二軍監督やコーチとして経験を積むうちに、私は「チーム内で競争ができるチームをつくりたい」と、強く思うようになりました。

技術だけでなく知能もなければ生き残れないのがプロ野球

現役時代に、日本のプロ野球界の名将とともに戦えたことは、私にとって大きな幸運でした。新人の時に広岡さん、常勝時代に森さん、そしてベテランと呼ばれる年齢になった時に野村さんと、ターニングポイントで出会った三人の監督の姿は、おそらく今の私自身に反映されていることと思います。

まだ若く、野球の知識もあまりない時期に、厳しく哲学的だった広岡さんに野球における理論や法則を教えていただいたことで、それまで抱いていた野球というスポーツの印象ががらりと変わりました。技術だけでなく知能もなければ勝てない、この世界では生き残れないと思い知ったのです。

今なお評論家として活躍されている広岡さんの記事をよく拝読しますが、独自の理論を持ち、いい意味で広岡さんにしか言えないことをズバリと言っています。あそこまで突っ込んで語れるのは、人徳と聡明な頭脳があってこそ。広岡さんの批評には野球への深い愛を感じます。

広岡さんが監督でなかったら、私が入団する以前の82年と83年の西武のリーグ優勝と日本一はなかったのではないかとさえ思えます。しかも当時は、山崎裕之さん、田淵幸一さん、大田卓司さん、片平晋作さん、野村克也さん、高橋直樹さんなど錚々たるメンバーが勢ぞろいしていました。個性あふれる猛者たちを操りながら戦うことは、おそらく並大抵のことではなかったでしょう。

当時の選手は皆、心の中では広岡さんのことを「あの野郎」と思っていたはずですよ。それくらい厳しかったですから。でも、その厳しい指導のおかげで勝てたので、選手はもう言うことを聞かざるを得ないでしょう。「言う通りやっておけば勝てるんだ」と監督に証明されたら、選手は何も言い返せません。

18年シーズン、西武の試合日程を印刷したポスターの写真に私が起用された時のキャッチコピーは「猛獣使い」だったそうですが、当時の広岡さんの猛獣使いぶりは私の比でなかったことは想像に難くありません。元祖「猛獣使い」の広岡さんその人から、その資質を受け継いだのであれば、これから存分に発揮していきたいと思います。

第3章

・・・

相手の目線まで下がる

2007〜2011、2014〜2016

<中日の二軍監督・一軍コーチ時代>

気が遠くなるほど重大で やりがいのある二軍監督の仕事

横浜（現横浜ＤｅＮＡ）ベイスターズで三年間コーチを務めた後、二年間のブランクを経て、07年から5年間、中日ドラゴンズでお世話になりました。最初は二軍監督として、そして10年からは一軍総合コーチとして落合博満さんとともに戦いました。

落合さんと初めて出会ったのは、私が18歳の夏でした。高校から日本通運に入社し、社会人野球でプレーし始めた年です。当時落合さんは東芝府中に在籍されていて、都市対抗野球大会の補強選手として日本通運に来られました。一緒にプレーしたのは、落合さんが大会前に来られて一緒に練習した10日間あまりと大会期間中のみ。大会では一回戦で負けてしまったので、本当にわずかな時間でしたが、すごく実力のあるバッターだったので、もちろん強烈に記憶に残っています。

そんな縁から数年後、プロに入って最初にお会いした時に私から「こんにちは」とご挨拶すると、「おお、（プロに）来たか」と笑顔で答えてくれました。私を覚えていてくださったことがとてもうれしかったです。

当時、落合さんはロッテ・オリオンズ（現千葉ロッテマリーンズ）、私は西武（現埼玉西武）ライオンズと同じパ・リーグでしたから、試合で会う機会も多く、顔を見れば「おお、元気か？」と声をかけてくれました。私が塁に出るとファーストを守っていた落合さんと少し会話をしました。ただ、グラウンドを離れても親交があったというわけではありません。試合で対戦した時に、ちょっとした挨拶を交わす程度の間柄でした。

06年、コーチとして帯同したＷＢＣを終えて帰国すると、落合さんから電話がありました。知人を介して私の電話番号を知ったようです。

「中日で二軍監督をやってくれないか」

そう言われました。もう一度、ユニフォームを着たいと思った矢先でしたし、一度も同じチームでプレーしたことがない私に声をかけてくださったことが何よりうれしかったです。「あの天才打者・落合博満が私を必要としてくれている」と思うと鳥肌が立ちました。

「よろしくお願いします」と即答しました。

こうして07年から中日の二軍監督に就任しました。49歳だった私は、まだまだ選手と一緒に体を動かせると思っていました。第一章で触れたとおり、私の現役時代に50代だった広岡達朗監督は、実際にご自身のプレーを見せながら指導してくれました。私もまだ元気で、活力も、選手と一緒にがんばるというやる気もありました。

そう言えば、私のどこを気に入って二軍監督に誘ってくれたのか、後にも先にも落合さんに聞いたことはありません。自分から聞くのも照れ臭いですし、落合さんもそういうことを言葉にする人ではありません。ただ考えてみると、私以外の首脳陣候補とされていた人たちよりも私はさまざまな経験を積んでいました。社会人野球からプロ入りし、西武とヤクルト（現東京ヤクルト）スワローズの二つの球団で現役時代を過ごしました。その後は、プロの二軍と一軍コーチを務め、WBCの日本代表コーチも経験。あらゆる立場から選手たちを見てきたという自負はありました。もしかしたら、落合さんはその「経験」を買ってくださったのかなと思います。

とはいえ、二軍の監督は初めての経験。いざスタートするまでは、具体的にはどんな仕事をすればよいのか想像もつかなかったのです。それまでは、「守備・走塁コーチ」ならば守備と走塁だけに注目して選手の能力を伸ばすことに尽力すればよかったのですが、監督となるとそうはいきません。

「まずは何をしよう」

漠然とした思いのまま、スタートを切りました。

一軍ではなく二軍ですから、一軍とはまったく違う役割が求められます。たとえば、試合に勝つことも大事ですが、球団からは、何よりも一軍で通用する選手を育てることを求められました。

その一方で、調子を落として二軍に降格してきた選手を再び一軍に送り出すための調整もしなければなりません。

二軍には高校から入ったばかりの選手もいます。野球以外の社会人としての教育もしなければならないなと考えました。同時に、監督の自分も成長しつつ、コーチ陣を育てることも二軍監督の重要な仕事だと思いました。「やるべきこと」を考え始めると止まらないのです。気が遠くなるほど重大な仕事だけれど、その分、やりがいも大きいのです。まずは、「若い選手と一緒に汗を流していこう」と決意を固め、現場に向かった記憶があります。

選手は旬の時期に起用すべし

二軍監督としての多忙な毎日に慣れ始めると、落合一軍監督の方針も徐々にわかってきました。落合さんの私への接し方からは、「二軍を任されている」という責任を常に感じていました。

最初に痛感したのは、「一軍の試合は常に見ておかなければならない」ということです。レギュラー陣は別としても、代打で誰が起用され、その選手の成績はどうだったか、コンディションの悪いピッチャーはいないか、いるとしたらどんなタイプのピッチャーで、どのような場面で起用されているのかなど、落合さんが「代わりに誰かを一軍に上げたい」と思った時に、すぐに推薦できるようにしておかなければなりません。そういう〝目〟で一軍の状況を常に見ていました。

私たち二軍は12時半からのデーゲームを終え、選手の練習につきあった後、寮に帰って食事を摂りながら一軍のナイターをテレビで見ます。そして一軍の試合が終わると、落合さんから電話が来るのです。

「誰？」

落合さんがおっしゃるのは、この一言だけです。一軍の試合を見ていないと、推薦できる選手名が即答できません。

「左の代打だったら○○がいいですね」

当時の私には信念がありました。それは〝自信を持って薦められる選手の名前しか挙げない〟ということでした。推薦できる選手がいない時には、「今、一軍に送り出せる選手はいません」「調子がいい選手はいないです」と正直に答えていました。

すると落合さんは、「そうか、じゃあ、もうちょっと待つわ」と言ってくれます。

私の言葉を信じてくれました。

自信を持って推薦できる選手しか名前を挙げなかったのには理由がありました。一軍経験の少ない選手は、一軍の試合では当然緊張もします。調子がよくなくて自信が持てない時に一軍に上げて打席に立たせるよりも、いちばんいい時に送り出して打席に立たせてあげたいと思いました。しかも、本当に実力がついてヒットが出ているのであればまだしも、たまたまヒットが続いている状況で数字だけを見て一軍へ上げるのは選手には酷だし、結果を出せずに自信を失わせてしまうことにつながりかねません。まずはしっかり土台づくりをしてから一軍に送るべきで、そのほうが本人も納得できるでしょう。それに初めての一軍だったら、故郷の親に電話をして「一軍に上がったから見にきてくれ」と、選手が胸を張って言えるタイミングで上げてあげたい。

一方で落合監督は、私が自信を持って推薦した選手をすぐに起用してくれました。西武時代の広岡監督も同じでしたが、今が旬という時に選手を使ってくれる監督でした。そのお二人の影響もあって、一軍に来た選手はなるべく早く試合で起用しようと、私も考えるようになりました。

状態がいい時に一軍に上がってもし通用しなかったならば、選手自身も「やっぱり一軍のレベルは高かった」「もっとがんばらなければ使ってもらえない」と自分の実力と向き合ったうえで現在地を確認し、何が足りないのかを考えることができます。

逆に調子が悪い時では、一軍のレベルと自分の力にどのくらい差があるのか正確にはかれず、「調子が悪かったのに急に呼ばれて」という言い訳もできてしまいます。「いちばんいい時に一軍に推薦すべきだ」という考えは、落合さんと一緒に野球をする中で強くなったように思います。

選手の実力を知り選手の目線まで下りていく

二軍監督にはコーチを育てるという使命もあります。そのため、私もよくコーチを叱っていました。特に私の標的になったのはトレーニングコーチでした。

「もっと選手を走らせなさい」

そうコーチを叱咤していると、選手はその様子を見ています。

「また塚本（洋）コーチが怒られている」

「ちゃんとやらないと、またコーチが怒られてしまう」

陰でそう心配していたそうです。直接、選手を叱咤するよりも、コーチを叱ったほうが効果的だと思いました。もちろん、なぜ走らせたほうがいいのかという理由は、コーチにきちんと説明します。

またコーチには、「『どうしましょうか？』と俺に聞くな」。聞く前に「自分の考えをしっかり言葉にしよう」と常に言っていました。落合さんに対して私が心がけていたように、彼らにも自分の方針や発言、決断に自信を持ってほしかったからです。

「次の代打は、この選手で行きます」

「ピッチャーは、次はこの選手で行きます」

選手を観察して理解し、「本当にそれでいいのか」と自問自答を繰り返さなければ、自信を持って「この選手で」とは言えません。コーチにもそれだけ責任を持ってほしいのです。

コーチと私の考えが違うこともありました。「こうします」と言われた時に、私は違うと感じ「いや、こっちで行く」と突っぱねたこともあります。最終的に結果に責任を取るのは監督の私です。それでも、コミュニケーションが一方通行にならないように、互いがどう考えているのかを知ることが必要だと思うのです。自分で導き出した答えを監督である私に自信を持って提示する、そのプロセスが重要なのだとコーチには話していました。

今、西武でともに戦っているコーチ陣にも、最初に会った時に同じことを伝えました。二軍のコーチ同様、一軍のコーチも成長しなければなりません。しかも西武には、ベテラン選手とさほど年齢が変わらない、現役を引退してまだ数年の若いコーチもいます。だからこそ、コーチとして責任を持って発言するためには勉強も必要でしょう。そういう向上心を持ってほしいのです。

もちろん、コーチにもさまざまなタイプの人がいます。現役時代にスタープレーヤーだった人、反対に現役時代には輝かしい成績は残せなかったけれど優秀な指導者となる素質がある人など、それらのコーチ陣をまとめ、チームに欠かせない人財として育てなければなりません。スタープレーヤーだった人ほど、自分の成功体験が強く心に残ってしまっているケースが多く、コーチになった後に苦労している姿をたくさん見てきました。自分の経験を例に挙げるのは悪いことではありませんが、その方法がすべての選手に合うかどうかはわかりませんし、「俺たちの時はこうだったぞ」と押しつける指導者の言葉は、選手の心には刺さりません。逆に自分の失敗談を話すことが、選手のプラスになる場合もあります。

どんな現役時代を送ってきても、「昔はこうだったのに、おまえらは何をやってるんだ」と考えてしまう人は、今の時代にはマッチしません。コーチも年々、新しい知識や考え方、指導方法を学んでいかなければ通用しないと思います。過去の実績だけで勝負しようと思うのは間違いです。

「あの人、有名だったらしいよ」

「そういえば、YouTubeで見たことがある」

かつての選手の実績も、若い選手からすればそれくらいの感覚でしょう。現役時代にスターだったとしても、指導者になった瞬間、ゼロからのスタートになるのです。

私も、現役時代とコーチ業は別物と考えて接しています。過去の成功体験は貴重な財産として一つの引き出しにしまっておき、まずは選手の目線まで自分の目線を下げることが、指導者、コーチとして最も必要なことだと思います。

時々、苛立ちから選手に向かって「なんでできないんだよ」と言ってしまうコーチがいます。コーチになったばかりの頃の私が、まさにそうでした。親御さんの中にも、子供に対して同じ言葉を口にしてしまう方もいるかもしれません。でも、思い返してみてください。誰でも最初は〝初心者〟です。プロに入ってきたばかりの選手であればまだスキルが足りず、できないプレーのほうが多いのです。

もちろん、コーチも選手同様、経験が必要です。何度も失敗を繰り返して、そういうことを勉強していくのです。

ところで、コーチが最初に戸惑う仕事は何だと思われますか？　案外多いのは、ノックを打つことなのです。自分でボールを上げて自分で打つ。それも「ここに打とう」と思った場所に向けて打つことはとても難しいのです。ノック一つでもそれほど苦労するのですから、そのほかの技術指導が難しいことは想像に難くないでしょう。

私は広岡監督にノックを打ってもらった時、「おまえの指導にノックバットは必要ない」とボールを足元に置かれ、「これを捕ってみろ」と言われました。基本的なことを教えるために、手で転がしたボールを捕球する練習から始めて、徐々に強い打球に変えていくのです。広岡さんは当時の私の実力、目線まで下りてきてくださった。

その選手がどの程度できるかを見極めてその選手の目線まで下りること。その繰り返しがコーチとしての成長にもつながると思います。

先にも触れましたが、二軍の監督とコーチが接する選手の実力は、一軍に比べて未熟です。その未熟な選手を育てる二軍は、指導者ならば最も頭を悩ませる職場だと思うのですが、その分、やりがいはあります。私自身の野球人生の中でいちばん楽しかったのがこの二軍監督時代です。最も有能なコーチを置きたいくらいチーム強化のカギを握る重要なポジションだと思っています。

現役時代に、私は8回ゴールデングラブ賞を受賞しました。よく「守備がうまい人が、できない人にどう教えるのですか?」と質問されます。おそらく一般社会でも同じなのでしょう。経験も実績もある上司が部下に仕事を教える時、経験の少ない若い社員にどうやって仕事を教えようかと迷うのではないでしょうか。

コーチと同様に、まずは教える相手の目線まで下がることが大切です。たとえば、技術を教える時には、まずはその選手もしくは社員の弱点を見つけます。そして、それがどういう理由で「弱点」になっているのかを観察する必要があります。守備であれば〝呼吸の仕方〟なのか、それとも〝グラブを下ろすタイミングが遅い〟のか、何か「できない理由」があるはずなのです。その原因を見つけることが指導の第一歩。

そして、たとえば右足が原因だとわかった時に、「右足をこう着きなさい」と教えると、実は選手はその行為にばかり意識が行ってしまい、ぎこちない動きになってしまうこともあります。そこで、「左足を先に意識してごらんなさい」と言うと、苦手だった動きがスムーズになる場合もあります。

「なるほど、これができない人には、ここを意識させればいいんだ」

私はそうやって指導法の引き出しを増やしてきました。

実は、弱点だと思っていた箇所ではなく、違う部分に改善のヒントが隠れている場合もあるのです。さまざまなことを試して、〝できた〟という成功体験を積むことで苦手意識を克服する手助けをするのが、私たち上に立つ者の役目です。

もちろん、すぐに結果が出るとは限りませんし、いつできるか、できるようになるのかさえもわかりません。それでも、答えを見つけようと一緒に模索していくことが、両者にとって貴重な体験となります。本来、何かを教えるのにマニュアルはないのです。「こうしなさい」と型にはめるのではなく、それぞれに合った教え方が存在します。ですから、指導する側も勉強が必要なのです。我々も日々成長していかなければならないと、常々思っています。

プレーでは選手を叱らないが一人の社会人としては叱る

一つのプレーができるかできないかというのは、私が大きな声で選手を怒鳴ったり叱ったりしてもどうなるものでもありません。ですから、私はコーチや二軍監督時代に、選手のプレーについて声を荒げることは一切ありませんでした。

ただし、グラウンド以外の場所で、社会人として道を外れた態度を見せる選手については厳しく叱った記憶があります。玄関にスパイクがきちんと並んでいない時、「これはなんだ?」と激怒して、すべてそろえさせたこともあります。

「君たちは常にチームの看板を背負って『プロ野球選手』という仕事をしているのだから、自覚を持って行動しなさい」

特に二軍監督時代はそういった小言が多かったです。本当に小さなことなのですが、毎朝の練習のウォーミングアップの時には、必ずダッシュしている選手のスパイクを見ます。

「なんだ、それは⁉」

きれいに磨いていない選手が中にいると、私は眉をひそめました。大切な仕事道具であるスパイクをぞんざいに扱うなと何度も言っていたからです。そういう部分で自己管理ができない選手は、自分で練習の管理もできない選手になってしまいます。

ほかにも同様のことが数えきれないほどありました。風呂場にアンダーシャツを忘れたり、グラウンドにグラブを忘れていった選手もいました。忘れ物があまりにも多かったため罰則を設けたこともありました。

ある日、試合中に一塁ベースを踏み忘れ、アウトになった選手がいました。試合が終わった後、その選手には、二軍コーチの奈良原浩、風岡尚幸らと一緒に、ベースを抱えて走るよう指示しました。「二度とベースのことを忘れないように」という意味でしたが、その姿がユーモラスで、皆で大笑いをしたことを覚えています。

今思い返しても、二軍監督時代は楽しい出来事がたくさんありました。若く、目標を持った選手たちと過ごす時間は、希望に満ち溢れ、充実していました。

その三年間、ともに戦ってくれた首脳陣と当時の選手たちとの出会いは今でも大切な宝物です。

なかでも、私が二軍監督に就任した翌年に入団してきた谷哲也との猛練習は忘れられない思い出です。真夏の炎天下、連日2時間もノックを続けました。受ける選手も大変ですが、打つ私も大変です。氷水の入ったバケツをグラウンドに置いて、数分置きにその中に頭ごと突っ込むのです。当時、練習を行っていたナゴヤ球場には日陰になる場所がなく、それくらいしないと熱中症になってしまうからです。今でも谷に会うと、「あの時は本当に死ぬかと思いました」と笑われます。とにかく、「うまくなってほしい」という一心で一緒に練習しました。谷は18年に現役を引退しましたが、本当によくあの練習についてきてくれたと思います。

ほかにも記憶に強く残る選手がいます。

ちょうど私が二軍監督に就任した年、福田永将と堂上直倫が入団してきました。1位指名の堂上は、ドラフト直後から脚光を浴びたスター候補生でした。ご存知の方も多いでしょうが彼の父親（堂上照）も元中日の選手でした。一方の福田はドラフト3位で、ぱっと見た感じでは運動神経もさほどいいようには見えません。入団後も捕手からファーストに転向し、最近ではサードも守っています。堂上に比べると泥臭く、地味に感じる選手でしたが、本当に真面目な性格で一生懸命練習をする選手でした。福田は今、チームの主力となって活躍しています。こつこつと努力を続けてきた選手が成長し、一軍へ行って活躍してくれることほどうれしいことはありません。当時、二軍で一緒に汗を流した選手には特に強い思い入れがあります。

二軍監督のちょっと意外な仕事

当時、二軍が練習と試合を行っていたナゴヤ球場に最初に到着するのは私でした。今も続けていますが、試合の前にランニングをするのが日課だったので、朝いちばんに球場に着くように家を出ます。

球場に着くと、まずは大浴場へ行って浴槽にお湯を張るために蛇口をひねります。そのままお湯を出しっぱなしにして、ランニングへ行きます。私の次に到着する奈良原コーチが湯加減を見ながらその蛇口を止め、選手たちがすぐに入れるように準備しました。なぜか、それが私たちの担当でした。選手にはよく言っていました。

「誰のおかげで風呂に入れるんだ！（笑）」

首脳陣と選手とはいえ、二軍となると兄貴と弟みたいな関係です。二軍監督を務めていた三年間は、苦労だとかつらいと感じたことは一切ありませんでした。その前の二年間、現場から離れていたこともあって、球場へ行くこと、選手の顔を見ること、選手と一緒に汗を流すこと、それらの何もかもが楽しく、幸せでした。

スタッフの数もそろいませんから、私も毎日、バッティング投手を買って出ました。

一軍の落合監督からは、「コーチや二軍監督も責任を持て」と言われていました。

「選手が一人でもグラウンドにいる間は絶対に帰るな」

「最後まで練習につきあうのが、おまえらの仕事だ」

それも、「コーチを育てる」という落合さんの姿勢だったのだと思います。そして、任せたら信じるということも。投手のことは投手コーチに、走塁のことは守備・走塁コーチに任せて、彼らの意見を尊重していました。その姿勢は私も見習っています。

何を決めるにも、まずはコーチの意見を聞いてから決めるようになりました。

「二軍は失敗しても許される場所」だと思っていました。最優先されるべきなのは一軍の勝利。そのために今、二軍では何をすべきかと考えると、前述しましたが、選手とコーチの育成が最優先でした。当時、球団の方からも「二軍では勝敗はあまり気にするな」と言っていただき、二軍戦では、勝つことは二の次と思っていました。

ただし、選手には「試合は勝つためにやるものだ」と言っていました。育成が大前提とはいえ、選手には勝ちに固執してほしかったのです。選手は勝つために、コーチはチームを勝たせるために試合をします。しかし、試したい戦術や育成のために挑戦しなければならないプレーも生まれてきます。ですから、その段階で失敗することに対しては目くじらは立てませんでした。

「やるからには勝とう」

「でも時には失敗もあるだろう」

「かといって失敗を恐れては上達するものも上達しない」

選手と二軍コーチには、そんなふうに言っていました。

「気持ちが前へ行ってしまってのアウトならいい。でも、消極的なミスだけは避けよう」

これは現在でも西武のコーチや選手によく言う言葉です。

最初からミスを恐れる環境では、誰も挑戦しようという気持ちになりません。その意味では、選手だけではなくコーチにも「失敗する機会」を与えるべきだと思います。

そのほかコーチに言ったのは、「選手に媚を売るような態度は注意しよう」ということです。二軍監督である私も含め、コーチは選手のために練習につきあったり、選手のコンディションを気にかけるなど配慮をする心は大切です。でも、それがゴマすりになってはいけません。「コーチとしてのプライドを持て」、そして常々、選手に厳しいことを言う時こそ愛情を持って接してほしいと話しました。

選手を信頼し、徹底的に寄り添う　――落合監督の教え

落合監督に呼ばれ、10年に一軍の総合コーチに就任し、一年目、二年目にリーグ優勝を経験しました。

しかし、二年目の11年が落合さんとともに戦う最後の年となりました。11年、日本シリーズに進出した中日は福岡ソフトバンクホークスと戦い、３勝３敗のまま最終戦までもつれた末に敗れました。

リーグ優勝をしたにもかかわらず、最終戦の前に落合さんの辞任が発表され、当然、私たちコーチも辞職することになりました。

そして日本シリーズの最終戦の後、一緒に戦った選手の前で挨拶をすることになりました。

「もっともっと君たちと野球をやりたかったけれど、こういうことになってしまった。縁があったら、またどこかのチームで同じユニフォームを着て戦おう。もしそれが叶うなら、こんなに幸せなことはない。それくらいいいチームメートだった」

そんなふうに語った後に、自然と涙がこぼれていました。

第一章でも触れましたが、中日を辞めることになったこの時、私は野球人生で初めて涙を流しました。寂しさ、せつなさ、いろいろな感情が入り混じっての涙だったと思います。

二軍監督として指揮をとり、三年間、一緒に汗を流してきた選手の中には、私と同じ時期に一軍に上がって活躍している選手も何人かいました。一軍コーチになって二年間を過ごし、以前から中日にいる中堅やベテランと呼ばれる選手たちともようやく本音で話ができるようになった矢先でした。日本シリーズで敗れたとはいえ、セ・リーグを制し「よし、これからだ」という思いもありました。それでもチームを去らなければならないという寂しさがありました。そんなさまざまな思いが交錯して、涙となってあふれてきたのです。

落合さんは選手寄りの、常に選手の目線に立って考える監督でした。しかし現役時代の落合さんは、それとは真逆の印象で、一見、一匹狼のような雰囲気を漂わせていました。誰の目も気にせず言いたいことを言い、契約更改の時もはっきり金額を言ってしまう。プロ野球界の慣例に縛られず、まさに「オレ流」の生き方、我が道を堂々と歩く姿は格好よかったです。

落合さんが監督、私がコーチという役割で接するようになってわかったのは、選手に「ああしなさい、こうしなさい」とは言わず、選手の力を信頼しているということでした。その選手の力量や性格も踏まえて、最適な方法を考えていました。

荒木雅博、井端弘和、森野将彦など選手にも恵まれていました。彼らの練習量はすさまじく、落合さんはその姿もしっかり見ていたのです。

「それだけ練習したんだから、おまえらなら、できるよ」

そんなふうに信じて見守っている印象でした。最初に抱いていた一匹狼のような人ではなく、実際につきあってみると温かい人間味あふれる方でした。

「選手たちがここまで取り組んできたことを信じて、使い続ける」

「結果が出なかったら、オレが責任を取る」

言葉には出しませんが、そんな思いが姿勢から滲み出ていました。

そんな落合さんが一度だけ、選手を相手に声を荒げたことがありました。私が一軍のコーチになった後なので10年以降の出来事だったと思います。当時の中日は投手力で勝っていたチーム。1点、2点しか取られないので、それを守り切る戦いになります。投手防御率はリーグ随一だったにもかかわらず、打線がとにかく機能せず、落とす試合が続きました。

そして、ある日の試合前だったと記憶していますが、選手を集めて一言こう言いました。

「おまえら、投手を殺す気か!」

後にも先にも、落合さんが選手に対して直接厳しい言葉を発したのはその時だけだったので、よほどのことだったのでしょう。コーチの私から見ても当時の打線は本当に打てていませんでした。点が取れず投手を見殺しにする試合が本当に多かったので、落合さんも腹に据えかねたのだと思います。

そうやって、普段あまり叱らない人がここぞという時に発する一言には説得力がありました。選手の背筋がピンと伸び、顔色が変わったのが一目でわかりました。落合さんがそのように選手を怒鳴る場面を見たことがなかった私も大変驚きました。

しかし、その出来事一つとっても、そもそもは「投手陣のことを思って」の発言です。野手に「がんばってくれよ」という思いを込めてゲキを飛ばしたのだと思います。改めて、選手に寄り添って指揮をとる監督なのだなと感じました。

選手に堂々とした姿を見せることも監督の大切な仕事

今思えば、投手力で勝っていた当時の中日は、現在の西武とは正反対のチームでした。ですから18年にリーグ優勝をした翌日、落合さんから電話をいただいて「いいチームをつくったな」と声をかけられた時は、本当にうれしかったです。翌日電話をくださったのは、ご自身の経験から、「優勝した当日は忙しいだろう」と気を遣ってくださったからだと思います。驚いたのとありがたいのとで、私は直立不動のまま電話で話をしました。

「おーう、辻。おめでとう」

いつもの、あの落合さん節です。

「こうなったら日本シリーズも勝って〝正力松太郎賞〟をもらえよ」

現有戦力で戦うことの難しさを知っている落合さんの言葉だからこそ、余計にうれしかったです。クライマックスシリーズで負けた後も、すぐに電話をくださいました。

「残念やったな」

「オレの楽しみは、もうおまえの活躍しかないよ」

「おまえが監督として日本一になるのを楽しみにしているから、がんばれよ」

そう言ってくれました。本当に人情がある方です。

落合さんにはとても大きな影響を受けましたが、私が落合さんになれるわけではありません。それは、これまで一緒に野球をしてきた広岡達朗監督、森祇晶監督、野村克也監督にも言えることです。素晴らしい監督と出会え、それぞれの監督に学びながら、「ああ、こういう考え方もあるんだな」と学びつつ、結局、私は辻発彦なのです。〝辻流〟の指導しかできません。

試合を見ている方から、「辻監督は試合中、表情が豊かですね」とよく言われます。これは努めてふるまっているわけではなく、私の素の姿です。試合中、思わず「うわっ」と声を出してしまうこともあり、ベンチにドカンと座って静かに構えている名将と呼ばれる監督たちとはまったく雰囲気が違います。試合中は選手と一緒に戦っている感覚で、むしろ静かにしているのが苦手です。

私は、これまで私が仕えてきたどの監督とも違うタイプの指揮官です。とはいえ、さまざまな監督のもとで野球に接してきて、いいことも悪いことも含め、すべてが貴重な経験となって今の私を形成しています。

ベンチの一角の、いつも決まった場所でじっと試合を見つめる落合監督の姿を思い出すと、「口ではあれこれ言わないけれど、選手をとても大事にしているな」と当時から感じていました。

テレビやスタンドで見ているだけではわからないと思いますが、ベンチで落合さんの側にいると、大量の汗をかいているのが見えます。だらだらと流れる汗をタオルでふきながら、その手にもたくさん汗をかいて、タオルが手放せないのが落合さんです。それだけ緊張し、動揺もし、大きな感情の動きがあったのでしょう。

それでも、「どうってことないよ」という顔をして采配をふるっていたのだと思います。同じチームになる前に抱いていた〝落合像〟とはまったく違う一面でしたが、そうやって選手に堂々とした姿を見せることも監督の大切な仕事なのだと、その姿を見て学んだ気がします。

第4章

・・・

環境を整える

2017〜2019

<西武の監督、そして19年シーズンへ>

若手のやる気に期待し与えられた戦力で戦う

落合博満さんとともに中日ドラゴンズを去った後、2014年に再び中日から声をかけていただき、一軍の内野守備・走塁コーチとして復帰しました。2シーズン中日でコーチを任せていただいた後、16年のオフに古巣である埼玉西武ライオンズから「一軍監督に」とのお声がかかり、私の野球人生において初となる一軍監督をお引き受けすることになりました。

17年に監督に就任した時には、まさか二年目でリーグ優勝ができるとは思っていませんでした。もちろん、優勝を目指して戦ってはいましたが、正直、実現までにはもう少し時間がかかるだろうと考えていました。17年は2位、その次は優勝しかないという思いはありましたが、戦力的にまだ足りない部分がたくさんあるとも感じていたからです。

一方で、18年は埼玉西武ライオンズの創立40周年の年で、否が応でも「優勝」への思いは盛り上がりました。とはいえ、12球団の中で日本シリーズに行けるのはわずか2チーム、日本一になるのは12分の1という確率を考えると、「この力ではまだ難しいのかな」と。ましてやパ・リーグは実力のあるチームぞろいです。その中で優勝するのは至難の業だと感じていました。

しかし、19年1月付けで球団初のゼネラルマネジャーに就任した渡辺久信氏（当時はシニアディレクター）が、現場で戦う選手たちに寄り添ってくださり、18年シーズンの途中でカイル・マーティン、デュアンテ・ヒース、小川龍也などの投手を補強してくれました。

私自身は、「とにかく与えられた戦力で戦う」という思いに変わりはありませんでした。監督業をしている間は、たとえコマが整わない時も、すべての責任を負わなければならないと思っています。17年、18年シーズンもその思いで戦い、当然、19年も同じです。

18年オフにフリーエージェントとポスティングシステムで、菊池雄星、浅村栄斗、炭谷銀仁朗の三人の選手がチームを卒業しました。実績のある選手ですから、代わりがすぐに見つかるとは思っていません。しかしそこは、卒業した三人とともに18年シーズンを一軍でプレーした選手たちががんばってくれそうな予感がしています。主力が抜けたからチームが負けるというのでは、残った選手のプライドも傷つき、チーム全員が面白くない思いをすることは必至です。

選手が抜ければ、ほかの選手、特に若い選手のチャンスが増えます。競争意識が働き、いい方向へと動いてくれることを期待しています。

チームにとって大きな存在 おまえの存在を忘れてないぞ――岡田雅利

西武の監督に就任し、さまざまな選手と接して感じたのは、「チームの中にはいろいろな立場の選手がいる」という現実でした。二軍監督やコーチの時もわかってはいたものの、一軍の監督という立場になると、より一層、選手たちの「チームでの立ち位置」が気になります。試合の出番を待っている若手、レギュラーをつかみかけている選手、レギュラーポジションを渡したくない選手、キャリアがあって自分のスタイルを確立しているベテランと、選手の数だけ立場やセールスポイントの違いがあるのです。

彼らすべてを率いるのが監督の務めです。それぞれの選手の性格やこれまでの実績を見て、言葉のかけ方は変えるように心がけました。

たとえば、捕手はポジションが一つしかなく、レギュラーとして試合に出られる選手が限られます。試合に出たくてもなかなか出られない、そんなポジションです。しかし、最も試合に出ている捕手に万が一のことがあれば、即戦力が必要となります。西武でいえば岡田雅利のような存在です。けっして目立ちませんが、縁の下の力持ちとしてチームを支えてくれています。

岡田はインサイドワークに定評がある捕手ですが、打撃に弱点があります。18年シーズンは、チームとして「森友哉を一人前の捕手に育てたい」という方針もあり、岡田の出番は減りました。

しかし、岡田の存在はチームにとってはもちろん、森にとってもとても大きいのです。森の岡田に対する態度を見ていると、「先輩だと思っているのだろうか」と首をかしげるほど率直ですし、「先輩なのになめているのか？」と笑ってしまうほど大胆です。それは森が岡田に腹を割ってなんでも話し、心を開いている証拠。岡田のほうも森の態度に「何やってるんだよ」などと言い返しつつ、ライバルである森にもアドバイスを送り、二人の関係を成立させています。

岡田の最大の長所は、このコミュニケーション能力の高さです。森に対する時同様、若い投手にも自分より年上の投手にも自分の考えを話し、また相手の話を聞いて配球を考えます。

本来であれば、監督である私が全員に気を配り、選手の些細な変化に気づいてモチベーションを維持するよう努めなければならないのですが、常にそれを実行するのは難しく、岡田のような選手がいてくれると助かります。「ここぞ」という場面ではピンチバンターとして、どれほど難しいボールでもしっかりとバントをしてランナーを進めてくれるからです。私たち首脳陣にとってはありがたい選手の一人です。

とはいえ、岡田の働きに甘えていてはいけないとも思っています。彼が何を言われてもニコニコと笑顔で受け止める性格だということもあって、私はよく岡田に冗談を言います。そうやってちょっかいを出すことで、「君はチームにとって欠かせない存在なのだ」「おまえの存在を忘れてないぞ」と伝えているのです。いつも言葉にしていると真実味がなくなってしまう気がするので、私が言葉にして相手に伝える機会は多くありません。姿を見てちょっと元気がない時などに、「おい、どうした？」と言葉をかけることが大事だと思っています。

岡田がいいプレーをした時にはさらっと褒めます。そもそも岡田の場合は、監督がどこにいるかとアンテナを張っていて、気がつくと私のほうを見ています。アピールのつもりなのでしょう。練習の時も、私がバッティングゲージに近づくと、気がつかないふりをしつつ、わざと大きな声を出して打つような可愛いところがある選手なのです。

選手にとって最もつらいのは、監督から存在を忘れられてしまうことではないでしょうか。支配下登録の約70人、すべての選手が西武にとっては大切な戦力。ですから、時にはそれを言葉にすることが必要だと思っています。

チームの勝利のために成長したホームラン王 ——山川穂高

18年シーズン、最も成長を見せたのが四番打者の山川穂高でした。全143試合に出場して47本の本塁打を放ち、自身初のホームラン王に輝きました。

山川は生粋のホームランバッターです。「ホームランを打ちたい」という気持ちが強い中、18年シーズンはチームの勝利のためにその気持ちを抑えて、チームトップとなる88個のフォアボールを選んで塁に出てくれました。世界のホームラン王・王貞治さんも、通算868本のホームランを打っていながら、選んだフォアボールの数は2390個と多く、それだけホームランを打ちたいという気持ちを我慢して、ボールを見極めていたということです。

17年までの山川は、追い込まれたカウントからの空振り三振が多く、「次の打者につなごうという姿勢がなければ試合に起用しない」と、本人には話していました。それが続くようでは彼は成長しませんから、自分のプレーを見つめ直して、追い込まれるとつい振ってしまうという弱点を克服してほしいという思いで、一時期ファームに落としたこともありました。

その後、リーグ終盤に一軍に上がってきてからはホームランもたくさん打つと同時に、追い込まれてもフォアボールが選べるようになりました。

山川には守備力に弱点があります。

西武の試合をよく見ている方はご存知でしょうが、山川は感情が顔に出やすい選手です。エラーをするとシュンとうなだれ、三振をしたらうーんと首をひねりながらベンチに戻ってきます。人によっては、「プロなのだから、プレーの一つひとつに一喜一憂しないほうがいい」と言う人もいるでしょう。しかし私は、山川に関してはそれでいいと思っています。山川はホームランを打った時には、打てなかった時の何倍も喜んで笑顔でベンチに帰ってきます。その彼のパフォーマンスが試合のムードをがらりと変えることも多々あるからです。喜怒哀楽が顔に出るキャラクターは山川の長所となっています。

長いシーズンの間には、エラーをする日も、三振をする打席もあります。エラーをした時は私も「おいおい、何やってんだ」とため息が出ますが、最も恐れているのは彼がエラーをしたせいで消極的になってしまうことなのです。ですから、山川に対しては「エラーは想定内」という気持ちでいます。そして、彼が「エラーをしてしまった」という悔いを引きずらないように、翌日のバッティング練習の時に声をかけます。「おまえ、なんであのゴロ、逃げたんだ?」と笑いながら問うと、「僕ですか?」と聞き返してくるので、「おまえしかいないやろ」と冗談で返します。そういったやりとりを通じて、「積極性だけはなくさないでくれよ」という私の本心が伝わることを願っています。

私の現役時代、森祇晶監督がよくおっしゃっていました。

「普段、人よりたくさん練習をしている選手がエラーをしても誰も責めないよ」

「だから人一倍、球を受けて練習しなさい」

「その姿をチームメートは、みんな見てるよ」

私は、山川にも同じことを言いたいのです。たとえエラーをしたとしても、「あいつはあんなに練習していたのだから、しょうがない」と思ってもらえるくらい練習していれば、誰もその選手を責めません。

18年の山川は、風邪をひいても、何があってもけっして練習を早く終わらせたり、早朝練習を休んだりしませんでした。ある時はあまりにもつらそうだったので、「休むことも練習のうちだよ」と言ったこともあります。

試合が終わった後も室内練習場へ行って打ち込んでいました。打つのが好きなのでしょう。「ちゃんと寝てるか？」「積極的休養も必要だよ」と言っても打ちに行ってしまうのです。おそらく彼は、12時前には球場に来てウォーミングアップを行い、試合後は室内練習場で打つということを、18年シーズンの自分に課していたのではないでしょうか。１４３試合をフル出場すると心に決めて実行したのだと思います。もちろん素晴らしい成績を残したことは彼のキャリアにおいて大切なことですが、１シーズンの間、自分で決めたことをやり遂げたという事実が、今後の彼の野球人生の大きな糧となるのではないかと思います。その姿勢を大いに褒めたいです。

そんな山川の姿をチームメート全員が見ていました。ですから、クライマックスシリーズでなかなか結果が出なかった時も、私は絶対に四番から外さないと決めていました。

すべて捕手である自分の責任だ そういう覚悟でいてほしい ――森友哉

18年シーズン、森友哉は136試合に出場しました。前年までのように指名打者や外野手としてではなく、捕手としての経験をたくさん積みました。彼のキャリアにおいて重要なターニングポイントとなるシーズンだったと思います。

「自分の要求と反対にボールが来ても、自分の責任として受け止めてくれる捕手になってほしい」

私は常々、そう思っています。私の抱く理想の捕手像は、ヤクルト（現東京ヤクルト）スワローズ在籍時に接した監督の野村克也さん。そして当時、ヤクルトの正捕手だった古田敦也です。古田は野村さんから捕手としての心構えを叩き込まれました。その様子を見て、そして古田の献身的な姿勢を見て、「これぞ捕手の理想だな」と私は感激しました。何が起きても、古田は「すべて捕手である自分の責任だ」と思う人間です。ほかの選手にも、それくらいの覚悟で捕手というポジションを務めてほしいと思います。

捕手は、その日の投手の調子、特徴、使えるボール、捨てるボールをいち早くつかんで、打者を打ち取る配球を考えられなければなりません。投手も人間ですから、その日の調子によって要求したコースとは逆ばかりにボールが来る日もあります。当然、要求したコースとは逆球になって打たれることがあれば、それは投手の責任なのですが、捕手には、「自分がそこに要求したから逆球になったんだ」というふうに考えられるくらいの気持ちを持ってほしいのです。その気持ちがあれば、今はまだ未熟でも一流の捕手になれる可能性が高いと思います。

もちろん、すべてが捕手の責任だとは私も思っていませんし、試合を見ているファンの方もわかっています。ただ、投手は孤独なポジションです。一人で必死に戦っているのですから、その思いを汲んで引っ張っていける選手でなければ正捕手にはふさわしくないと、私は思います。

森はやんちゃに見えて、とても気の優しい選手です。投手が打たれた試合後は、リードした自分を責めて落ち込んでいるのがその表情から見てとれます。秋元宏作バッテリーコーチからもよく森の様子を聞きますが、悩んでしまいがちな一面も持っています。18年シーズンも、投手が大量失点をしてしまった後、森が考え込んでいる姿を頻繁に見ました。「森は今、成長している途中なのだな」と私は思いながらその様子を見守っていました。自分がホームランを打って、喜び、騒いでいるよりは、打たれたことに胸を痛める姿勢を持つ選手です。

そんな森も、最後は消化不良でシーズンを終えてしまったように思います。クライマックスシリーズ・ファイナルステージの第4戦で打者の振ったバットが手に当たり、途中交代しました。バットが当たった手は腫れて痛みもあったようですが、私は翌日の試合に森を使うつもりでいました。森のほうから「出場させてください」との希望があったからです。私も迷いませんでした。

もちろん骨折など重い故障であればそのような判断はしません。しかし幸い、森のケガは打撲で済みました。どんな痛みもマスクをかぶって座れば忘れます。選手というのはそういうものです。

18年シーズン終了後、森は侍ジャパンの一員として日米野球に参加しました。マスクをかぶる機会も多く、失点をする試合もありました。すると、その日の夜に秋元バッテリーコーチに電話があったそうです。

「秋元さん、今日の僕のリード、どうでしたか?」

自分のせいで失点したのではないかと、気になって仕方ないのでしょう。秋元は率直なアドバイスを送ったようですが、その森の姿勢を見ても彼が捕手として成長したいと強く思っていることがわかります。

炭谷がフリーエージェントで抜け、19年は森にとって勝負の年です。捕手としてどのように、もう一段階上のレベルへと成長してくれるのか、楽しみにしています。

チームを引っ張るキャプテン ——秋山翔吾

チームを引っ張る秋山翔吾は、とても生真面目な性格で、いい意味で「優等生」タイプです。「あなたと秋山君はとても似てるわね」と妻にはよく言われます。自分ではよくわからないので「そうかな?」と答えるのですが(笑)。

「みんなで一緒にがんばろうよ」と、選手みんなに照れずに言うことができる貴重な選手です。まさにキャプテン向きでしょう。そもそも17年に私が監督に就任した時からキャプテンに指名したい人財でした。当時は、内野の要かつ中心打者でありながらも、口数の少ない浅村にもうひと回り成長してもらいたいという思いもあり、結果として浅村に任せることにしました。

ですから19年に、「キャプテン頼むな」と秋山に言った言葉には、二年越しの私の期待が込められていたのです。

秋山について私が素晴らしいと思うのは、彼の人間性です。たとえばチームリーダーともなれば、時には煙たがられるようなことを後輩に言わなければならない場面もあります。責任感の強い秋山は後輩たちにズバッと言うのですが、観察していると、若い選手のほうも秋山に冗談を言ったり、「こう思います」という自分の意見を堂々と言っているのです。それは秋山のコミュニケーション能力の高さゆえではないかと思います。「煙たい」と思わせない秋山の人柄があってこそだと思います。

もちろん、打者として素晴らしい実績、技術、思考を兼ね備えている選手ですので、いつもその技術論やバッティング技術を後輩に還元している姿を見ます。特に驚いたのは、投手に対してアドバイスをしていたことです。打者の立場から、「こういう時、打者はこういう心理で打席に立っている」と、どんな球種を狙っているかといった打者の心理を若い投手たちにアドバイスしているのです。精神的な助言のみでなく、技術面でも後輩に与えている影響は大きいと、私は思っています。

チームが停滞している時、選手がミスをして落ち込んだり怠慢プレーがあった時にも適格な指摘ができます。秋山は自分のことだけではなく、ほかの選手にも「技術向上してほしい」「それがチームの勝利につながる」という全体のこと、先のことまでを考えて「チームを強くしたい」「勝ちたい」「優勝したい」と思っている選手です。

今年度、秋山を主将に据えることは私の二年越しの希望だったと書きました。その一方で、昨年オフの契約更改で、複数年契約ではなく一年契約を交わしたことは知っていました。

「一年だろうが10年だろうが、そんなことは関係ない。19年の主将を秋山にやってもらいたいんだ。やっぱりおまえしかいない。大変かもしれないけどお願いしたい」

私がそう伝えると、秋山は承諾してくれました。

後々、彼は間違いなく指導者になる選手です。キャプテンマークをつけない時とつけた後で、何か心境の変化があるかもしれない。それまでに考えたことのない新たな発想が生まれるかもしれない。現役を終えた後の人生で、キャプテンを経験したことが彼の「引き出し」の一つになればいいと、私は思いました。

性格を変えてほしい、もっと厳しくなってほしいという意図はありませんでした。そのことは、秋山も納得して引き受けてくれたのではないかと思います。

現西武のスタメンになくてはならない存在――源田壮亮、外崎修汰

18年シーズンに主に二番打者として起用した源田壮亮は、聡明でチーム打撃を心がけることができる選手です。ファンの皆さんは源田の守備力を褒めますが、私は彼が入団した当初からその打撃センスに一目置いていました。また、視野も広く、マウンドに立つ投手やほかの選手に率先して声をかけるなど、将来的にはチームの中心になってくれる存在だと思っています。

同シーズン7月10日には、長嶋茂雄氏（現読売ジャイアンツ終身名誉監督）の持つ入団以来の新人連続フルイニング出場数220試合に並び、翌日の千葉ロッテマリーンズ戦でその記録を更新しました。その後も286試合連続フルイニング出場まで記録を伸ばしました。細い体のどこにそれほどの力があるのか不思議です。

外崎修汰は、見るからに素朴で善良なイメージですが、中身もそのイメージ通りの人間です。18年シーズンの終盤には脇腹を痛めて戦線を離脱してしまい、大きな戦力

ダウンだと当時は思いました。終わってみれば他の選手たちが、外崎不在というピンチを振り払う活躍をしてくれました。

あとから聞いた話ですが、外崎は自らが故障離脱してチームのリーグ優勝に貢献できなかったことを非常に悔しがっていたそうです。そういう話を聞くと、日本一には届かなかったとしても、18年のリーグ優勝から選手たちが学んだことは大きかったのだなと感じます。

練習の時から目を光らせて選手の成長を見守る

監督には、数えきれないほど大切にしなければならないことがあります。私の場合は、「選手が積極的な気持ちを忘れないよう気を配ること」を最も大切にしています。選手が伸び伸びプレーできるように、常に前向きでいられるように環境を整えること。そのために気を配るのが監督として大切な役割です。何があってもその姿勢だけは守り続けようと決めています。

何度も記しましたが、私の性格はかなりネガティブなほうです。選手にはそうなってほしくありません。ですから、前向きな気持ちを忘れて消極的なプレーをしてほしくないと常に思っています。やってしまったこと、終わったことを責めるのは、監督として「最も避けなければならないこと」だと肝に銘じています。

そのためにも大切なことは、「選手をよく見る」ことだと思っています。

たとえば、2、3週間という短いキャンプの中でも、日々選手は成長しています。18年の秋のキャンプで、私は投手の平井克典にピッチャーゴロの捕球の指導をしました。体の左右に交互にボールを投げて、バックハンドと普通の捕球を繰り返すのですが、初日はうまく捕球できなかったのに、翌日にはきちんとした場所からグラブが出るようになりました。

「グラブは必ず一度、地面につけてから出すんだよ」

そういうと余計な力が抜けたのでしょう。動きがとたんにスムーズになりました。

「ほら、今のじゃないか」

そう声をかけると、平井はニコっと笑っていました。できなかったことができるようになってそれを誰かに褒められれば、おそらく子供でも、社会人でも、野球選手でも同じようにうれしいはずです。

我々にとって最もうれしいのは、そのように選手の成長が感じられた瞬間です。普段の練習の中でも、技術が向上する段階で小さな成果は必ず見えます。できるようになることは、小さくても「進歩」です。その進歩を見逃さずに選手と共有することが、指導する者には必要なことだと考えています。練習の時から目を光らせて選手の成長を見守ることも、監督の大事な仕事です。

もちろん、実際に試合で同じプレーができるかと問われれば、それは私にもわかりません。しかし、練習でできないことは試合でもできません。

前述しましたが、昔、私が広岡達朗監督に守備練習を見てもらった時に言われた言葉があります。

「ほら、できたやないか」

「誰にでも取柄はあるんだな」

普段は厳しい広岡さんから褒められたことが本当にうれしくて、やる気が出た覚えがあります。否定するばかりではなく、できた時には認めること、それが大切ではないでしょうか。伸びた部分を見逃さず、褒めてあげればいいのです。ちょっとしたことでいいのです。それが選手のやる気を引き出すことにつながります。

本書を手にとってくださった方の多くは、一般企業で働いている方だと思います。もし私と同世代のビジネスマンの方にアドバイスをするとしたら、「まずは、部下をよく観察することが大事」ということでしょう。そして、仕事の目標が達成できなかった時には厳しい言葉を言ってしまったとしても、成功した時にはきちんと成功した実績を認めて褒めること、労うことが重要ではないでしょうか。

一般企業で部下や後輩と接する方たちは、我々のような監督と選手という関係よりもコミュニケーションの取り方が難しいと感じているのではないかと想像します。野球界にはいまだに体育会系の名残りがあります。監督が多少厳しい口調で叱咤しても選手は受け止め方を知っていて、「これは自分が期待されているからだ」とその理由を推測します。でも、一般企業においては同じようにはいかないでしょう。場合によってはパワハラだと言われてしまうこともあり、後輩や部下への接し方に苦労されているのではないでしょうか。飲みに誘っても誰もついてこないのだと、身近な人からよく聞きます。私たちの世代は、「先輩から誘われたら断らないのが当たり前」という時代に育ちました。

ところが、今ではそれが通用しません。時代を考え、相手を見て、コミュニケーションの取り方を変えていくことも一つの有効な手段だと、近頃は感じています。

こうと決めたことは貫き結果に責任を持つ

監督に就任した一年目より、当然のことながら二年目の18年のほうが、選手個々の性格や癖がわかってきました。試合を重ねる中で、こういう仕事は向いているがこういうことは苦手だという選手の長所や短所も見え、当然ですが、接し方も変わってきています。

できないことがあるのは人間であれば当たり前です。欠点のない人間はいません。それは想定内として、そのうえで作戦を考えるのが指導者の役目だと考えます。そのためには選手の能力、長所、短所をしっかりと把握することが重要です。

若手に何かを任せるには勇気が必要です。たとえば、日本シリーズ進出をかけたクライマックスシリーズで、私は森にもスタメンマスクをかぶらせました。17年シーズンに捕手として育てようと構想を練っていた矢先、森は侍ジャパンの壮行試合で骨折し、シーズン前半を棒に振りました。リード面に課題があるともいわれますが、プロでマスクをかぶった経験があまりないため課題はあって当然だと思っていました。それでも彼を起用したのは、私が森に正捕手になってほしいと思うからです。

ただ、もし18年のレギュラーシーズン中に森の捕手としての成長を感じることがなかったら、クライマックスシリーズでの起用を思いとどまったかもしれません。しかし、シーズン中の彼のリードや投手とコミュニケーションを取る様子を見て、私は大きな成長を感じていました。ですからクライマックスシリーズのような大舞台を踏むことで、またひと回り成長してくれるのではないかと期待したのです。森を独り立ちさせたいという思いに、監督就任の時からブレはありません。それだけ能力がある選手だと思うからです。

自分がこうと決めたことは貫く。そして結果に責任を持つのが指導者としての務めだと信じています。

山川を四番に据え、源田に守備の要を任せるといった、「これだけは」と決めたことに対して指揮官が迷いを見せると、周りの人間も不安になります。

森、山川、源田と、「任せる」と決めた選手にはそれだけの才能があります。何より彼らが努力している姿を見ているのでブレずにいられるのです。皆さんも心を決めたならば、後はどんと構え、部下の成長を信じるのが上司の役目ではないでしょうか。

シーズン終了後、試合の終了後に、もちろん敗因は分析します。すべては采配した私の責任です。そして、選手たちが一生懸命やってくれたこと、最後まであきらめずに戦ってくれたことは、間近で見ていた監督の私がいちばんよく知っています。

ベテラン選手への接し方 ——栗山巧、中村剛也

ファンの皆さんはもちろんご承知だと思いますが、18年のリーグ優勝が叶った勝因の一つに、栗山巧、中村剛也というベテラン選手の存在がありました。

栗山についてはシーズン中、信じて任せ、何も言うことはありませんでした。打席に立つまでの準備、ひいてはシーズンが開幕するまでの準備、すべてが申し分ないと思っていましたので、まったく心配はありませんでした。唯一、懸念材料があるとすれば、35歳という年齢でした。視力、脳の反応、スタミナなどは、どうしても年齢とともに衰えるものです。

しかし、心配は無用でした。18年シーズンの栗山は試合前練習のフリーバッティングの打球を見ても、ほかの若い選手にまったくひけをとっていませんでした。バットがしっかり振れていましたし、試合になれば勝負強さを発揮してくれました。

中村については、第一章でも触れました。心配していたのは体調面だけでした。蓄

積疲労もあるでしょうし、膝に古傷も抱えていたので、彼のコンディションには注意を払いましたし、スイングを見て「疲れているのかな」と思えば、練習日を休養に当てるよううながしました。体調面さえ整えてくれれば復活すると思っていました。守備で肩を痛めたため一時期は二軍に落ちましたが、そこから復調して一軍に昇格してきた日の中村のフリーバッティングの様子は、今でも鮮明に覚えています。バットがすごく振れていて安心しました。

中村の起用方法についてはずっと考え続けました。ぽっちゃりとした体形で、一見動きづらそうな印象を与えますが、持久力や体のキレのことを考えると、出たり出なかったりという起用よりはずっと試合に出続けたほうが状態もよく、打率や本塁打数を残せるのではないかと感じました。

ずっと四番を打ってきた中村の打順を変える時には気を遣いました。プライドを傷つけるようなことはしたくありませんでした。真っ先に考えたのは、「もし自分だったらどう感じるだろう」ということです。もし自分が七番、八番に置かれたとしたら、腐ってやる気をなくすだろうか。じっくり考えてみましたが答えはノーでした。私は

「腐ったら野球人生は終わりだ」と思ってきました。そこで奮起できるかどうかのほうが大事なのです。七番だろうが八番だろうが、そこで結果を出して打順を徐々に上げればいいだけの話。おそらく、中村も私と同じように感じるだろうと確信しました。過去６度も本塁打王に輝いた男です。腐ったり、あきらめるような性格だったら、そんな偉業が成し遂げられたはずがありません。

そして最終的に、中村は五番まで打順を上げました。それは彼の踏ん張りの成果です。腐らず、結果で応えてくれた。中村の気持ちは折れてはいなかった。何よりもそれがうれしかったです。

私は「選手に奮起してほしい」と思う時でも、あまり言葉では伝えません。中村にも何も言いませんでした。七番で行くならスタメンのシートに〝七番、中村〟と書き込むだけです。その打順で彼が奮起してくれることを祈り、何より彼が万全の体調で試合に臨んでくれることを祈りました。無言の声援でした。

当然、ベテランの二人は、守備面での俊敏さは若手に負けます。それは織り込み済みで、それ以上の貢献度があるから起用する価値があるのです。投手に負担はかかるかもしれませんが、その分、打ってチームに貢献してくれる大切な存在だからです。ベテラン選手には、「万全のコンディションで気持ちよく、一年でも長く野球をやってほしい」、そういう思いで接しています。

18年には、もう一人のベテラン選手の引き際にも気を配りました。このシーズンをもって松井稼頭央が25年間のプロ野球人生にピリオドを打ちました。松井はクライマックスシリーズでもベンチ入りしました。本当なら最後の最後、打席に立たせてあげたかったのですが、それが許される試合展開ではありませんでした。

シーズン終盤、松井から「今年いっぱいで現役を退きたい」という話を聞きました。千葉マリンスタジアムでの試合の時だったと記憶しています。鈴木葉留彦本部長とともに松井からそう聞いた時、球団としては〝引退試合で花道をつくって送り出したい〟と考えたようです。でも、クライマックスシリーズの前に引退試合をしてしまったら、クライマックスシリーズには出場できません。

「稼頭央、引退試合なんてしなくていいやろ?」

「クライマックスシリーズも日本シリーズも選手として試合に出たいやろ?」

そう私が聞くと松井は、「はい」「セレモニーはしなくていいです」と言いました。最後の最後まで選手としてグラウンドに立つことが松井の願いでもあり、選手として終える最後のほうが、松井に似合うのではないかと私も考えました。それが松井という功労者に払える最大の敬意だと思ったからです。

入団発表の時、松井は「古巣で優勝したい」と話していました。その願いを叶えることができて、彼にとってはいい一年だったのではないでしょうか。チームを明るく照らしてしてくれた彼の加入は、西武にとってもとても大きかった。10歳以上年齢の離れた源田、金子侑司という若い選手とも打ち解けて、バッティング談議に花を咲かせていました。もちろん、栗山、中村といったベテランと首脳陣とのつなぎ役にもなってくれました。彼の人間性のなせる業でしょう。松井の存在なくして18年のリーグ優勝はなかったと思います。

松井は19年からは二軍監督に就任します。私が野球人生で最もやりがいを感じた役職です。二軍では首脳陣にも、真っ黒に日焼けして選手と一緒に汗を流すことが求められます。私の経験を話して「選手と一緒にがんばってくれ」と伝えました。

投手と野手の信頼関係をいかに保つか

18年シーズンの西武は打高投低でした。それは数字にはっきりと表れていますし、ファンの皆さんも試合を見る中で痛感されていたことと思います。打線が奮起して得点を奪っても、その後、投手が打たれて敗れるという試合もたくさん経験しました。

そんな時、最も懸念したのは、野手陣と投手陣の気持ちが離れてしまうことです。最も怖かったのは、野手が投手をどう見ているのかでした。万が一、「せっかく点を取ったのに打たれた」と野手が思っていたら、チームがバラバラになりかねません。それだけは避けたいと思っていました。

後半戦で全選手が集合した時に言うことは一つだけでした。

「うちはチーム力で勝つんだ」

その一言だけです。

投手が抑えて勝つ試合もあれば、打線が点を取って勝つ試合もあります。ですから、

「お互い様だから」という気持ちで戦ってほしい。その代わり、投手がもし1点を取られたら、次の2点目を取られないようがんばって抑えよう。次の1点を取られたら、また次の1点を与えないよう努力しよう。そういう気持ちで臨んでほしいとすべての選手に言いました。1点でも少なく抑えれば、野手ががんばってくれるからと。同様に、野手陣には気を抜かず、より1点でも多く取ろうと念を押しました。

幸い、投手と野手の信頼関係が崩れることはなく、リーグ制覇までたどり着きました。投手防御率を考えれば、よくぞ野手は根気強くプレーしてくれたと思います。そういう意味で、西武には人間的に善良な選手が多いのでしょう。

たとえば、味方の守備の時間が30分近くなると、守っている野手は集中力を持続させることにも苦労します。大量失点ともなると、味方の投手が打たれ続けるのをずっと見ていることになります。精神的に苦痛ですし、ため息が出て座り込みたくもなる心境でしょう。特に夏場は、延々と暑いグラウンド上に居続けなければなりません。その気持ちを想像すると胸が痛みます。

しかし、そういう時でも西武の野手陣は投手に声をかけにいき、たとえ少し苛立ったとしても、けっして態度には見せません。本当に辛抱強いのです。落合さんが中日の監督時代に、野手陣に向かって「おまえら投手を見殺しにする気か」と怒鳴りつけた話を第三章で記しました。私も毎試合、「何点取られてるんだ」と喉元まで出かかりましたが、ゲームセットの瞬間にすべては過去の出来事と割り切って、次の試合に向けて気持ちを切り替えました。また新しい気持ちで試合に臨むことができたと思います。

「とにかく粘れ。そうすればうちの打線は絶対に逆転してくれる」

「3点までに抑えれば8回、9回でなんとかなるぞ」

「チャンスがあるぞ」

そんな言葉を選手には何度もかけました。我がチームは、自信を持ってそんな言葉を言わせてくれる、たとえ勝てない時でも最後の一人まで粘れる、見応えのある打線を有していました。

個性的な選手との接し方——多和田真三郎、田村伊知郎、相内誠

球界にはさまざまな選手がいると本章の冒頭で書きましたが、投手の多和田真三郎は、なかでも特に個性的な性格です。一匹狼で、皆が集まっているところにもあまり寄っていきません。けっして仲が悪いわけではないのですが、一人で行動するほうが力を発揮しやすいのでしょう。それを「皆と同じに」と強要するわけにはいきませんし、プロなのですからそれでいいと私は思います。

ただ、監督としては選手の性質や考え方を把握しておきたいので、彼がどんなことを感じているのか知りたいのですが、無口な彼はなかなか自分の腹の中を見せてくれません。まだまだわからないところの多い選手です。

試合でいいピッチングが続き連勝している時に、急にばっさりと髪の毛を切ってきたことがありました。普通であれば、連勝の流れを切りたくないので何かを変えるのは怖いもの。それなのに、丸刈りにしてきた時には驚きました。案の定、敗戦投手に

なっていたので、つい笑ってしまいました。

「連勝していたら、普通は髪を切らないよ」

本人にもそう言いましたが、いわゆるゲン担ぎをするタイプの野球選手とは少し考え方が違うようです。それが多和田の魅力でもあります。淡々と投げられるし、しんどくても顔に出しません。周りの空気を読んで自分の行動を変えることがないというのは、裏を返せば、周囲のムードに流されない強さを持っている証拠です。試合の序盤に打ちこまれても、その後、立ち直って完投する試合もありました。それは、彼だからこそのピッチングだったと思います。

俺が引っ張るんだと考えるタイプではありませんが、あの投げっぷりを見る限り、もし彼の意識に変革が起きたら西武の投手陣を背負って立つエースになる可能性は十分あります。まだ入団三年目で、彼のプロ野球選手としてのキャリアはスタートしたばかりです。エースにふさわしい成績を挙げて、さらに自覚が芽生えたら、今後どのように変貌を遂げるか楽しみでもあります。

18年の秋のキャンプでは、普段はあまり一軍で接することがない選手ともたくさん触れ合いました。コーチ、二軍監督と務めてきて、「選手を観察することの大切さ」は承知しているつもりでしたが、改めてその思いを強くしました。100人いれば100通りの考え方、性格があります。その選手が何を考え、どのように成長したいともがいているのか、知ることが大事だと痛感した貴重な時間でした。

たとえば、田村伊知郎の投球練習を初めてじっくりと見ました。あれほど長い時間、投球練習を見たのはそのキャンプが初めてでした。それまで私が田村に抱いていたのは「真面目だけれど、一軍に上がると力を発揮できない」という印象でした。コントロールに弱点があり、それが一軍の試合では被本塁打などにつながってしまう。18年に一軍に上がって登板したものの、打たれた時には「やっぱりなあ」と思ってしまいました。しかし、秋季キャンプで彼が何球も何球もシュートだけを投げているのを見た時には驚きました。

「シュートに磨きをかけるんだ」

「自分はこの球で生きていくんだ」

そんな田村の強い意志が練習から伝わってきたからです。がむしゃらにボールを投げ込む姿を見て、「私は田村の本当の姿をまだ知らなかったのだな」と大いに反省しました。

相内誠についても同じです。相内は入団前に無免許運転をして一時プロ入りが見送りとなり、世間を騒がせました。私は社会人としての自覚がない子は嫌いです。「もっとしっかりしろ」と言いたかったし、最初はそういう偏見を持って彼を見ていました。でもじっくり話をしてみると、最初に抱いた印象とはまったく違い、素直で人の話をよく聞く子なので驚きました。

相内もまた田村と同じように、一軍のマウンドに上がるともう一つ自分の力を出せないでいます。ブルペンでは超一流投手のようなピッチングを見せるのに、一軍のマウンドでは真価が発揮できない。18年シーズンも多くの時間を二軍で過ごしました。

シーズン中、二軍の潮崎哲也監督に「誰か中継ぎで起用できそうな投手はいるか?」と聞くと、必ず「今、推薦できるのは相内です」と言われ、そのたびに彼の過去のピッチングが頭をよぎって「また相内か」「ほかにはいないのか?」と聞き返していました。

もちろん評価できる部分もあったのですが、やはり心の弱さがあって、「これで飯を食っていくんだ」というプロ意識を感じませんでした。

ところが、そんな相内の見方が変わる出来事がありました。

18年の秋季練習で、４００メートル走に90秒近く時間がかかっていたので、「おまえ、そんなに足が長いのにこんなに遅いのか？」と聞いたところ、相内は悪びれずに「長距離、苦手なんですよね」と返してきました。「長距離は気持ちだ。死ぬ気で走ってみろ」と言ったら、次は72、73秒で帰ってきた。「ほら、10秒以上も縮まってるじゃないか」。しかも、ほかの選手は走り終わった後で息を切らしてぐったりしているのに、相内はケロッとしています。

「もう一回、全力で走ってこい」と言うと、70秒台で返ってきました。「なんだ、できるやないか」。そうやって死ぬ気でやれと話しました。その後、投手コーチから、「監督に声をかけられた後から一生懸命走るんですよ」と聞き、心境に変化があったのかなと感じています。

田村と相内は、監督である私が選手に対し偏見を持っていたことに気づかせてくれました。こんなことではダメだ。私もまだまだだなと反省しました。

こんなふうに、監督やコーチのちょっとした声掛けや会話など、何かのきっかけで変わる選手もたくさんいます。そういうきっかけをつかんでくれたらいいなと思います。

選手たちは常に監督の目を気にしています。「監督に気にかけてほしい」「監督に認めてほしい」と思っているのです。見られていること、見てくれていることが選手にとっては何よりうれしくて、練習をがんばるモチベーションになるのだと改めてわかりました。相内の姿を見ると、若かりし日の自分を思い出します。

西武に入団したばかりの頃、広岡監督にけちょんけちょんにけなされながらノックを受けました。

「ダメだ」

「へたくそ」

そう言われつつも、監督自らノックをしてくれるので「私は期待されているのかな?」と感じていました。それが厳しい練習に耐えるモチベーションになりました。

監督になった今は、コーチにも「しっかりと選手を見てくれ」と伝えています。それが選手たちの「やる気」につながるからです。常に側にいて、野手なら野手のコーチ、投手なら投手コーチが目を見開いて選手を観察してほしい。常に見ていれば選手のちょっとした変化にも気づきます。それがコーチの仕事だということは、落合さんから学んだことです。

選手をよく見ていれば、選手の成長を見逃さないと同時に、選手が何か悩みを抱えているのではないか、どこか故障を隠しているのではないかと、SOSのサインにいち早く気づくこともできます。選手は体に痛いところがあっても、自分にとってチャンスだと思えば、痛みを我慢して試合に出ようとします。「大ケガになる前に言いなさい」といくら言っても、なかなか自分からは切り出しません。それが選手の性です。私にも経験がありますが、必死にケガを隠そうとします。そこでブレーキを踏んであげるのも監督とコーチの仕事です。

それは一般企業でも同じではないでしょうか。しっかりと部下のことを見て部下の異変を感じてあげるのも、上に立つ者の役目だと私は思います。

コーチに必要な条件は実力、己の意見、聞く耳があること

コーチの布陣を考えるのも監督の大切な仕事の一つです。17年シーズンは、一人足りなかった内野守備コーチに馬場敏史を招へいしました。

そして一年、二年、皆と一緒に戦った結果、自分自身も含めて反省する部分もあり、入れ替えたポジションもありました。

18年まで投手コーチを務めてくれた土肥義弘は、選手時代に米国独立リーグも経験し、科学的な分析など多岐にわたって野球の勉強をしています。選手に合わせた指導方法には定評があり、若い選手の育成に関しては十分な役目を果たしてくれました。その土肥には、19年も球団内で引き続き別の業務に従事してもらうことになりました。

19年シーズンは、元近鉄バファローズのエースで、かつて西武の投手コーチを務めたこともある小野和義に一軍を見てもらうことにしました。

西武の投手陣の現実に目を向けると、防御率は4点台でパ・リーグ最下位という厳しい結果でした。何が足りなかったのだろうとじっくり考え、個々の投手の個人成績やデータも分析しました。そうして導き出した答えが、「うちの投手陣には、とにかく打者に向かっていく気持ちが足りないのではないか」ということでした。キャンプ中の投球練習の球数にしても、限界までがんばる姿勢が見たいのです。どんな状況でも「オレが投げるんだ」と鬼気迫る表情でマウンドに行ってくれるタフな投手になってほしい。

秋季キャンプの時に小野コーチを観察していると、選手に歩みよっていきながら、厳しいことも言っていました。選手の気持ちを変えるには、彼のように気持ちが前面に出る性格のコーチも面白いのではないかと、小野コーチに期待をかけたいと思ったのです。

19年は打撃コーチも配置換えしました。一軍打撃コーチに求められるのは選手のコンディションの調整や調子の悪い選手を助けることです。そこは18年まで二軍のコーチだった赤田将吾に経験を積ませ、18年まで一軍の打撃コーチだった嶋重宣は二軍打

撃コーチになってもらいました。嶋は選手時代は苦労人でなおかつ成績も残していま
す。そこで左打ちの多い西武の二軍で、次の世代を担う左打者をレベルアップさせて
ほしいと考えました。西武にとって二軍の選手の育成は急務です。一軍のレギュラー
を脅かすような選手がどんどん育ち、ますます競争が激化することを期待しています。

こうしてコーチの配置を考える時には、やはりそれぞれのコーチの特徴や得意分野
を知っていなければ判断できません。選手だけではなくコーチを観察することも大事
な仕事の一つだと言えます。

一般企業で働いている読者の方も、プロジェクトの人選や「この仕事を誰に任せる
べきか」といった状況に直面することもあると思います。自分が一緒に仕事をしやす
い人をそろえればいいのか、それとも反対意見を出してくれる人がいいのか、難しい
選択だと思います。ただ、私は「この人と仲がいいから呼ぼう」という理由だけでは、
そのチームはうまくいかないと思います。プロですから、気心が知れているとか仕事
がしやすいということよりも、頑固な面があっても「実力があり己の意見を持ってい
る人」を選びたいと思います。

もう一つ、私がコーチに求めているのは「聞く耳を持っている」ことです。まず、周囲の人の話に耳を傾ける寛容さがあるかどうかを観察します。たとえば、かつて他球団でコーチをしていた時に、「あの選手はこういう性格だから、上に行っても活躍できないだろう」と、首脳陣に評判がよくない選手がいました。しかし、それはあくまで数名のコーチが感じたことで、ほかの首脳陣が見たらまったく違う意見が出てくるかもしれません。才能がある選手でも、そうしたコーチ陣の思い込みによってなかなか活躍の場が与えられない場合があるのもプロ野球界の現状です。

「あの選手は、ちょっと何かあったらすぐに痛いと言う。そういう性格がダメなんですよ」

そう言ったコーチに、私はすぐに言い返しました。

「君と彼とは性格が合わないのかもしれないが、人間性を否定するようなことは言わないでくれ」

もちろん、人間ですから、世の中には苦手な人もいるでしょう。私も物事を主観で判断した経験がまったくなかったとは言いません。「あの選手は真面目じゃないからな」とか「ちょっと難しい性格だな」と思ったこともあります。しかしいちばん怖いのは、その偏見が選手の成長の芽を摘んでしまうことです。指導者や上司など上に立つ者は、自分の感情は別にして、常にフラットな目線で一緒に働く人を判断すべきだと思います。

自己犠牲の精神があればチームはもっと強くなる

現状の戦力でベストな戦いを模索するのが監督の務めですが、それを抜きにすれば私にも理想のチームがあります。

私は、高校時代と8年間の社会人野球の経験から、「負けたら終わり」というトーナメント制に慣れ親しんだせいか、根底にアマチュア野球の戦い方があるのです。アマチュアでは、どれほど自分が野球で活躍しても給料が上がるわけではありません。

目標は都市対抗野球大会に出場することで、そのために毎日必死で練習します。レギュラーだろうが控え選手だろうが、どんな形であれチームが勝てばうれしかった。

そのせいかプロに入ってからも、「まずはチームの勝利が大事だ」という意識が根っこのところにはあります。自分が活躍してもチームが負けると心から喜べませんでした。

落合さんもよく言っていました。

「打つ、守る。自分の仕事をしっかりやればいい」

それこそが〝チームワーク〟だと、私も思います。それぞれの選手が自分の役割を全うして、それらがカチッと噛み合えば、チームは強くなります。そのために自己犠牲の精神も忘れてほしくありません。ホームランを打つだけでなくフォアボールを選んだり、アウトになるにしても最低限ランナーを進塁させるという気持ちがあるといい。そんな戦い方がプラスされれば、18年の西武以上に、チームはもっと強くなると思います。私にできることは、常に選手を見ていること。選手たちが自分の仕事を全うした時に、しっかりとその仕事ぶりを評価することだと思います。

全143試合をともに戦い ともに楽しんでもらうために

選手には必ずユニフォームを脱ぐ時が来ます。特に近年は選手生命が短く、レギュラーとして活躍しても比較的年齢が若いうちに引退する人が多いように感じます。また、高校卒業後にプロに入って、二、三年目で自由契約になることもあります。ですから自分が関わる選手には、いつかユニフォームを脱ぐ時に悔いを残さないために、精いっぱいプレーして力を出し切ってほしいと願っています。そしてその手助けをしたいとも。

監督である私も同様です。結果次第では天国と地獄くらいの差があります。それだけ責任の重い職業です。もし結果を出せなかったらと考えると、怖くなることもあります。

17年に就任し、初年度は2位、翌年は優勝しました。もしこれで19年の成績が悪かったら、私はどうなるのだろうと頭をよぎることもあります。ほかのチームも戦力アップを図っていますから、「結果が残せるのだろうか」と不安もあります。しかし、どんなに不安があっても、スタートしてしまえば突っ走るしかありません。

先ほど天国と地獄くらいの差があると書きましたが、18年にリーグ優勝して迎えたシーズンオフは、さまざまな方からお祝いの言葉をかけていただき、これぞ天国という状況でした。

なかでもうれしかったのは、やはりファンの皆さんからの言葉です。11月23日のサンクスフェスタの際に皆さんの前でお話ししましたが、18年シーズンは、試合中にファンの方の声援に励まされることが多かったのです。シーズンの序盤から中盤、明らかに声援の大きさが変わりました。ベンチにいてもわかるくらい、皆さんの歓声がメットライフドームの屋根に反響して、ドーム全体に響きわたり、その声援を聞くたびに「まだまだ諦めてたまるか」と自分を奮い立たせることができました。選手も同じ気持ちだったと思います。

17年シーズン終了後のオフには、Bクラスから2位になったことで「よくがんばった」「来年は優勝だ！」という言葉をかけていただきました。そして18年にリーグ優勝をした時には、感謝の言葉をかけていただきました。優勝パレードを行った時も、オープンカーに乗っていた私には、すぐ近くの沿道から「監督、ありがとう！」という言葉がはっきりと聞こえてきましたし、すぐ間近でファンの方々のうれしそうな笑顔を見ることもできました。「おめでとう」という言葉だけではなく、「ありがとう」と言っていただいた時に、ファンの皆さんがどれほどこのリーグ優勝を待ち望んでいたかを知り、そして「来年は日本一だ」という言葉に、より一層、気持ちが引き締まりました。

18年のオフに浅村、炭谷の二人が卒業し、菊池もメジャーへ移籍しました。サンクスフェスタでの挨拶でも、私は浅村のＦＡ移籍と菊池のポスティング移籍について「卒業」と表現しました。ファンの方にすればショックな出来事だったでしょう。さまざまな意見があるとは思いますが、ＦＡというのは選手が努力して得た権利です。球団が十分な誠意を示して残留を説得してくれたこともわかっています。浅村も悩んだ末に出した答えでしょう。気を持たせて返事を引っ張るようなこともなく、すぐに決断して発表したのですから、潔かったと私は思っています。そのうえで、ファンの方には「何を言われても仕方ない」という覚悟で、浅村はあの場に堂々とやって来ました。その姿勢だけは評価してあげてほしいです。しっかりと最後の挨拶もできて、彼にとってはいい卒業式になったと思います。

もちろん、浅村、炭谷、菊池の移籍でチームが受けるダメージの大きさは計り知れません。それでも、変わらぬ応援をしてくださるファンの皆さんの存在が我々には本当に心強いです。

私が言うのはおかしいかもしれませんが、10年間、リーグ優勝を待ってくださったファンの方がいたように、ファンになってまだ日が浅い方たちにも温かく見守ってほしいと願っています。試合に負けてしまっても「球場に来てよかった」「西武を応援してよかった」と思ってもらえるようなチームになることが、「西武の野球は面白いよね」と言っていただくことが、我々の最終目標です。

就任当初、勝つことはもちろんですが、もう一つ立てた目標がありました。それは、「お客さんが途中で帰らない試合を見せること」です。

そのためには最後まで粘ることが大事になってくるのですが、口で言うほど簡単ではありません。昨今は投手も分業制なので、中継ぎや抑え投手が毎日万全の状態でマウンドへ向かえるかといえば、けっしてそうではありません。時には調子の悪い日もあり、試合の中盤で大量失点をして敗戦ムードが漂う日もあります。そんな試合展開でも、最後まで応援してもらえるチームになりたいというのが私の目標でした。おかげさまで観客動員数はアップし、席を立つお客さんの姿は少なくなりました。本当にありがたいことです。

我々はレギュラーシーズンだけでも年間で143試合を戦います。18年は88勝53敗2引き分けという成績でした。つまり53回は、負けた試合をファンの方にお見せしているわけです。観戦に来た時に負けた試合にぶつかってしまったファンの方にも「負けちゃったけど、あのプレーすごかったね」「あのホームランが見られてよかったな」と思っていただくことが究極の目標です。チームが勝っても負けても球場に足を運んでくれるファンが増えれば、野球人としてこれほどうれしいことはありません。お客さんに見ていただいてこそのプロ野球です。

「負けたけれど来てよかったな」と言っていただくために、我々は常に気を抜きません。面白くて、なおかつ最後には勝つという野球を続けることが使命だと思っています。不思議なもので、「楽しい野球を」という理念は監督になってから芽生えました。現役の時にはとにかく苦しい試合の連続で、「野球が楽しい」とは一度も思ったことがありません。しかし、自分が現役時代に叶えられなかったからこそ、今は楽しく野球をやりたいという思いが日増しに強くなっています。何より、西武の選手たちは明るくて、野球を心から楽しんでいます。理想のチームになりつつあると思います。

19年シーズンも我々とともに戦い、我々とともに大いに野球を楽しんでいただけるとうれしいです。

おわりに

２０１９年シーズンが開幕しました。

エース、三番打者、捕手が移籍によって抜けたことで、今年の西武の戦い方は、昨シーズンとはがらっと変わると思っています。必ず新しい選手が必要となりますので、今までレギュラーではなかった選手にも、当然のことながらチャンスが回ってきます。そうやってチーム内での競争がさらに激しくなれば、これまでのチームとはまた違った戦い方ができると、私は考えています。

しかしながら、移籍による戦力ダウンは否めません。開幕からしばらくの間は、苦しい戦いが続くと予測しています。でも、逃げ出すわけにはいきません。なんとか上位をキープし続け、本来、ローテーションを任せると構想にあった投手たちが戻ってくるまで、我慢強く戦いたいと思います。

２０１９年の序盤は、新生・埼玉西武ライオンズの踏ん張りどころです。グッと耐えなければならないと覚悟を決めています。

これまでも西武を応援してくだっていた方、そしてこの本で西武に興味を持ってくださった方、皆さん、ぜひ新しい時代を迎えた西武に注目してください。そして、球場へ足を運び、我々にパワーを与えてください。

今シーズンも応援のほど、どうぞよろしくお願いいたします。

２０１９年5月吉日

埼玉西武ライオンズ監督　辻　発彦

辻 発彦（つじ・はつひこ）

1958年10月24日生まれ。佐賀県出身。内野手、右投げ右打ち。佐賀東高校卒業後、日本通運を経て1984年ドラフト2位で西武ライオンズに入団。96年ヤクルトスワローズに移籍し、99年現役を引退。86、88～94年二塁手として歴代最多となる8度のゴールデングラブ賞受賞、93年首位打者。

2000年ヤクルト二軍守備・走塁コーチに就任。02年横浜ベイスターズ一軍守備・走塁コーチに就任し、04年からは二軍打撃コーチに。05年から野球解説者、野球評論家として活躍。06年ワールドベースボールクラシック（WBC）の日本代表内野守備・走塁コーチを務める。07年中日ドラゴンズ二軍監督となり、就任1年目でウエスタンリーグ優勝と日本一を果たす。10年一軍総合コーチに異動。12年からは再び野球解説者を務めるが、14年中日の一軍内野守備・走塁コーチに復帰。15年一軍野手総合コーチ、16年二軍野手総合兼内野守備コーチ、シーズンの途中から一軍作戦兼守備コーチに異動。17年埼玉西武ライオンズの一軍監督に就任し、初年度はリーグ2位でチーム4年ぶりのAクラス入りを果たす。18年は開幕から首位の座を守り続けたまま、球団として10年ぶりのリーグ優勝に導いた。

観察《かんさつ》する指揮官《しきかん》
「辻流《つじりゅう》」選手《せんしゅ》との接《せっ》し方《かた》

2019年5月25日　第1版第1刷発行

著　者　　辻　発彦
発行人　　池田哲雄
発行所　　株式会社ベースボール・マガジン社
〒103-8482　東京都中央区日本橋浜町2-61-9 TIE浜町ビル
電話　03-5643-3930（販売部）
　　　03-5643-3885（出版部）
振替口座　00180-6-46620
http://www.bbm-japan.com/
印刷・製本　大日本印刷株式会社

ISBN978-4-583-11213-8　C0075